Delicious
Martha

Delicious Martha

MIS RECETAS SALUDABLES Y SENCILLAS

MARTA SANAHUJA

Grijalbo

Papel certificado por el Forest Stewardship Council®

Primera edición: abril de 2021
Primera reimpresión: mayo de 2021

© 2021, Marta Sanahuja
© 2021, Penguin Random House Grupo Editorial, S.A.U.
Travessera de Gràcia, 47-49. 08021 Barcelona

Printed in Spain — Impreso en España

ISBN: 978-84-17752-87-3
Depósito legal: B-774-2021

Diseño de cubierta e interior: Penguin Random House Grupo Editorial / David Ayuso
Maquetación: Roser Colomer

Impreso en Gráficas 94, S.L.
Sant Quirze del Vallès (Barcelona)

DO 5 2 8 7 3

A mi Tita, por estar siempre aquí y en cada paso,

guiándome en el camino

Índice

Prólogo

Nunca me ha interesado la cocina, a mí lo que me gusta es comer. Tampoco tengo tiempo de consumir contenido en redes porque me dedico a crearlo y, sin embargo, cada día busco las stories de Martha a conciencia y me quedo varios minutos embobada admirando las fotos de su blog gastronómico. Hay veces en que, si me concentro lo suficiente, soy capaz de imaginarme el sabor de la delicia que nos enseña. Después, me entra hambre. Ese es el efecto que Marta produce en mí. Admiración y hambre a partes iguales.

No la sigo porque quiera probar a ponerme las manos a la masa, ni mucho menos, sino por su capacidad de crear belleza, de comunicar con autenticidad y de hacerme sonreír con sus ocurrencias. Hasta ahora ninguna magdalena ha tenido tanta fuerza como la suya... porque eso es ella. Eso y mucho más.

Detrás de este libro, de cada sencilla receta para mimar tu paladar, hay un proyecto personal con una gran historia. Una historia de superación, ilusión, trabajo, innovación, creatividad y generosidad. Detrás de cada lista de ingredientes está ella, entregándose a ti, poniendo cariño en cada uno de los detalles. Es eso lo que marca la diferencia.

Y quiero darte las gracias, a ti, que tienes este libro en las manos. Porque en un mundo lleno de recetas gratuitas por doquier, comprando este recetario no solo has adquirido ideas para tus momentos de cocina, también estás acompañando a Marta en su camino. Estás valorando su trabajo, sus conocimientos y sus ganas. Estás impulsándola a seguir dando recetas al mundo. Tú eres tan importante como la cantidad exacta de harina que precisa la magdalena.

¡Que aproveche!

Ana Albiol

Quién hay detrás de *Delicious Martha* y por qué tienes este libro en las manos

Delicious Martha es el *alter ego* de Marta Sanahuja, una chica apasionada por el mundo de la gastronomía, la comida saludable y por cuidarse y disfrutar en la cocina, nacida en Barcelona en 1990. También soy la chica que defiende fervientemente que una comida sin postre no es una comida: siempre es necesario coronarla con «la guinda del pastel». Para mí, la gastronomía traspasa fronteras y es capaz de hacer cambiar el estado de ánimo de las personas. Además, es alrededor de una mesa donde se toman las mejores decisiones.

Desde 2013 me dedico en cuerpo y alma a este proyecto que me salvó de una época muy oscura y me guio hasta que he podido vivir de lo que realmente me gusta. Gracias a ello, he logrado que mi profesión sea mi verdadero *hobby*. Y ya lo dicen: trabaja en aquello que amas y no tendrás que trabajar ni un solo minuto de tu vida.

Cinco años más tarde creé la *Delicious Martha Shop* que, aunque todavía incipiente, espero poder ir construyendo con mucho cariño y dedicación para poder ofrecer herramientas y productos de calidad muy pronto, así como todas mis recetas en formato ebook para facilitar la vida a quienes sientan la misma pasión que yo por la gastronomía.

Después de esta brevísima introducción, entiendo que te preguntes: ¿y cuál es ese pasado?, ¿por qué la gastronomía fue su salvación?

Lo primero y, ante todo, gracias. Gracias por confiar en mí y por estar leyendo estas páginas. Después de todas las experiencias vividas, llega un día en el que sientes que todo vuelve a su sitio y te inunda la paz y, en ese mismo instante, sabes que estás preparada para contarlo. Para abrirte en canal y narrar hasta la última coma. Para soltarlo todo. Todo por lo que, a veces, he pasado de puntillas o he mirado de reojo queriendo quitarle importancia. Todo lo que he callado para no preocupar demasiado a mi entorno (ni a mí misma). Porque sí. A veces todos giramos la vista hacia otro lado, pasamos de largo y hacemos ver que no pasa nada cuando realmente estamos viviendo una auténtica tormenta por dentro.

Está bien estar mal. Muy bien. Y ser consciente de ello, también. De esta manera podemos repensarnos, clarificar cuáles son nuestras prioridades y focalizarnos en alcanzar el lugar que realmente anhelamos. Quién

me iba a decir a mí en 2013 que estaría aquí, ahora, terminando mi segundo libro en apenas cuatro años. A mí, la chica que pesaba 39 kilos y que no dormía más de cuatro horas por las noches. Y sí, aquí estoy.

Para mí, todo esto ha sido una gran lección y he aprendido que lo mejor de la vida, sin lugar a dudas es el amor de quienes nos rodean, nos escuchan y nos cuidan. Aunque no los tengamos cerca; pese a que se hayan ido. Sé que lloraré mientras escriba el punto final de estas líneas, pero también que eso supondrá cerrar «un cajón», el de esta etapa tan dura e intensa. Lo habré escrito, lo habré compartido, me habré abierto y aquí se acabará el drama. Todo lo maravilloso que ha venido después es lo que me sostiene y hace que me agarre a la vida con más ganas que nunca.

Desde muy joven tuve clara mi pasión por comunicar. Por eso estudié conjuntamente Publicidad y Relaciones Públicas, Periodismo y Comunicación Audiovisual, para finalmente especializarme en lo primero. Porque realmente adoraba y sigo adorando el mundo de la comunicación a través de todas sus formas. Quienes me conocen saben bien lo crítica que soy en estos aspectos: la importancia no solo de una palabra sino de muchos silencios. De narrar con gestos, con sonidos y hasta con la comida.

Como decía, me especialicé en el sector de la publicidad. Y os vendrán a la mente anuncios, creatividad, marketing, *teasers*… Pues no, nada de eso. Muy pronto me hicieron ver que yo no era alguien con buenas ideas ni con talento y me encaminaron hacia el sector menos innovador de este mundo: las cuentas. Gestionar clientes, explicar el concepto y tratar día a día con la rama creativa, pero sin entrar en ella. Solo lo justo y necesario para, posteriormente, saber «vender» bien la idea a la marca que te contrata para solventar sus problemas de comunicación. Hay que tener tablas para ello. Las que a mí me faltaban. Y no me funcionaba.

Terminé la carrera y, cuando quise darme cuenta, estaba trabajando en una pequeña agencia de publicidad en Barcelona, una de la que no voy a contar mucho más, porque, si en aquel momento decidí no llevarlos ante los tribunales, tampoco los denunciaré ahora. Solo diré que trabajar allí me supuso únicamente estrés, angustia, horas de trabajo sin recompensa, esfuerzo en vano e infinidad de críticas por la espalda.

Después de un año en mi primer contacto con el mundo laboral, con 19 kilos menos y totalmente perdida, dejé el empleo. Lo hice empujada por mis padres, que sufrían y veían que esa situación no tenía escapatoria. Y ahí fue cuando me dieron la vida por segunda vez. No he podido ni he querido imaginar jamás cómo hubiera sido mi vida estos últimos años si no hubiese salido de esa situación. Pero de lo que sí estoy convencida es de que eso desencadenó una nueva yo: un ave Fénix que renace de sus cenizas. Y hoy en día doy gracias por ello.

Creo que todos pasamos algunas veces por situaciones similares: puntos de inflexión que nos hacen cambiar de rumbo. En mi caso, después de aquello, me encerré en casa para intentar sanar. También fui a médicos y psicólogos que lo achacaron todo a una anorexia nerviosa, pero el problema no era ese. La raíz de todo era que me había quedado vacía por dentro: creía que no servía para nada, que nunca volvería a sentirme útil ni apasionada por algo.

Por fortuna, la cocina me rescató. La gastronomía me «hizo ojitos» y yo, enamoradiza como soy, caí rendida a sus pies. Comencé a preparar galletas de mantequilla a diario con formas y decoraciones diferentes: rellenas de mermelada, bañadas con chocolate, con sirope... Y, de repente, me percaté de que pasaba horas y horas en la cocina siendo feliz. Sin sombras. Haciendo algo que me encantaba. Disfrutando, sonriendo y viviendo de nuevo. Unos meses más tarde, mi madre me sugirió que abriera un blog para contar lo que iba elaborando. Lo que a priori me pareció una idea alocada fue tomando forma hasta que recopilé el material suficiente para lanzar *Delicious Martha* a la blogosfera. Sin saber nada, con un logo sacado de una feria de *scrapbooking*, mirando tutoriales de YouTube sobre cómo hacer tu blog en Blogger y haciendo fotografías con mi teléfono.

Después de casi un año y medio creando contenidos, compartiendo recetas y conectada prácticamente todas las horas del día, llegó la primera oferta de trabajo. Fue entonces cuando entendí que de ahí podía surgir una nueva profesión, inexistente hasta el momento, pues las redes sociales empezaban a pisar fuerte. El mundo del 2.0 cada vez cogía más empuje y todo lo que yo había estudiado hasta la fecha sobre comunicación podía verse radicalmente transformado. Sin ser plenamente consciente, me lancé a por todas. En ese momento ya no tenía nada que perder. Allí empecé a crear mi profesión desde cero sin apenas saberlo, pero con toda la ilusión de una niña en la noche de Reyes.

Un tiempo más tarde, y después de varias colaboraciones en las que no sabía apenas qué contestar en cada *e-mail* porque todo era demasiado nuevo y ni siquiera existía la profesión como tal, como lo que conocemos hoy en día, empecé a verme fuerte. Estaba logrando convertir mi *hobby* en mi profesión. Y cada vez puse más empeño. Invertía lo que ganaba en ir mejorando, en ir arreglando la imagen *petit à petit*, porque estaba convencida de que podría conseguirlo.

No te voy a decir aquello de «ha sido un camino duro, pero ha valido la pena». Ni esa retahíla de tópicos que estamos cansados de escuchar. Lo que te voy a decir es que, a veces, la vida nos pone entre las cuerdas, al límite. Y después de un tiempo (sí, realmente el tiempo todo lo cura) aprendes a relativizar. Y piensas: bueno, todo pasa por algo y de esto también aprenderé. Y sí, acabas aprendiendo.

Efectivamente, estoy llorando. Pero de felicidad.

Gracias por estar. Gracias por hacerme millonaria de emociones.

Feliz vida.

Entramos en la cocina

MEDIDAS BÁSICAS

Porque no es lo mismo una pizquita de sal que 2,5 g de agar-agar. Las medidas sí importan, y mucho. Si la receta indica...

... 1 taza, equivale a:
- 200 ml de leche, agua o bebida vegetal
- 190 g de aceite de oliva virgen extra (AOVE)
- 160 g de mantequilla fundida
- 340 g de miel
- 200 g de garbanzos crudos
- 180 g de lentejas crudas
- 150 g de harina
- 110 g de maicena
- 140 g de almendras crudas
- 120 g de almendra molida
- 125 g de anacardos
- 100 g de nueces
- 160 g de pasas
- 180 g de *nibs* de chocolate
- 120 g de cacao puro en polvo
- 80 g de coco rallado

... 1 cucharada sopera colmada, equivale a:
- 17 g de agua o leche
- 15 g de harina
- 12 g de maicena o fécula de patata
- 20 g de arroz crudo

15 g de aceite de oliva virgen extra (AOVE)
- 15 g de aceite de oliva virgen extra (AOVE)
- 15 g de mantequilla fundida
- 20 g de miel, mermelada o nata
- 15 g de sal
- 10 g de levadura química
- 10 g de hierbas frescas picadas (cilantro, perejil, romero...)
- 10 g de especias

Otras medidas:
- 1 g de agar-agar equivale a 3 láminas de gelatina o cola de pescado, y a 1,5 g de gelatina en polvo
- 1 cucharada de levadura seca de panadero (7 g) equivale a 25 g de levadura fresca

Saberse de memoria todas estas cantidades o tener siempre a mano una tabla de equivalencias es difícil. Por eso, recomiendo adquirir una báscula digital.

En este libro encontrarás las medidas expresadas en gramos, mililitros, cucharadas (soperas) o cucharaditas (de postre) porque creo que son más exactas y fáciles de calcular siempre que tengas una báscula o tazas y cucharas medidoras. De todos modos, con las tablas anteriores puedes hacer siempre las equivalencias exactas si así lo prefieres.

UTENSILIOS INDISPENSABLES

Molde desmontable

Tanto para hornear como para tartas sin cocción, un molde que se abre para facilitar el desmoldado es un básico. Hay muchas tartas que no se pueden voltear para servir: las que están cuajadas con gelatina, las que van decoradas antes de terminar, algunos bizcochos muy esponjosos que no tienen decoración o los que llevan cobertura previa. Hazte con un molde desmontable redondo, inoxidable o de cerámica y silicona, y de tamaño estándar (unos 15 cm).

Espátula de silicona

La aliada en cualquier cocina para aprovechar hasta la última pizca de masa de un bol. Si eres de los míos y siempre rebañas hasta dejar todos los cacharros más limpios y relucientes que recién salidos del lavavajillas, necesitas una en tu vida. Y a ser posible, una grande y otra pequeña. Son de gran utilidad.

Medidores

Las cucharas y tazas medidoras de acero te irán de lujo. Son económicas y les vas a sacar mucho partido. Duran siglos, no se rompen y aguantan cualquier trote.

Báscula de cocina

Por lo que comentaba antes, es mejor disponer de una que tener que memorizar cantidades o estar controlando continuamente dónde se ha escondido la tabla de equivalencias. Además, si eres muy de dulces y repostería, es un elemento vital. Los platos salados, por lo general, no necesitan tanta concreción. Los dulces, en cambio, son muy «puñeteros», y si son 10 g, no le pongas 13 porque la cosa no va a funcionar.

Cuchillos afilados

De calidad, con una buena hoja y bien afilada. Ya lo dicen: te cortarás antes con un cuchillo mal afilado que con uno que corte solo con mirarlo. Y es solo porque estamos más atentos a lo que hacemos. No cortes nunca apoyándote en la mano lo que vayas a cortar, hazlo siempre sobre una superficie.

Madera de cortar

¡Cuida tus muebles! Usa una madera chiquitita que apenas ocupe espacio y con la que puedas dar rienda suelta a tus afilados cuchillos. Eso sí, ¡cuidado con esas manos!

Varillas

Te recomiendo que sean eléctricas, a no ser que quieras hacer brazo. Aunque no son indispensables, porque con las varillas de mano convencionales puedes hacer prácticamente lo mismo.

Boles

Yo los prefiero de cristal, para poder ver bien lo que estoy haciendo por la parte inferior. De todos modos, si puedes, hazte con un par de diferentes materiales: de cerámica, de acero inoxidable... Y de distintos tamaños. Y si son con tapa, mejor; te servirán de *tuppers*.

Pelador

El *gadget* indispensable para la mayoría de las frutas y verduras, que te ahorrará muchísimo tiempo.

Sartén antiadherente

Pancakes, tortitas, *crêpes*, salteados, tortillas... Es básica para que no se peguen los ingredientes, y, así, utilizar menos grasa en la cocción.

Cazo mediano

Que sea mediano es para no tener uno grande y otro pequeño. Es el tamaño perfecto si solo tienes uno, y te servirá tanto para hervir pasta, cereales, etc., como para hacer elaboraciones dulces.

Tapas de silicona ajustables

Por Internet puedes encontrar packs de varios tamaños para cubrir tus boles y *tuppers*. Con ellos dirás adiós al film transparente (al plástico) y preservarás tus alimentos en óptimas condiciones.

Papel de hornear

Es muy adecuado para cubrir la bandeja del horno y también para forrar la base de los moldes. ¡Despídete de tener que limpiar el horno cada vez que lo uses!

Rallador fino

Los Microplane Zester®, alargados y afilados, te servirán para rallar tanto un buen queso curado como la piel de un limón. Además, con ellos te aseguras de no rallar la parte blanca de los cítricos, cuyo amargor puede destrozar un postre.

Colador de malla fina

Imprescindible, aunque te parezca que no. Los coladores de agujeros grandes son bonitos, sobre todo los que tienen una apariencia *vintage*, pero no son los más útiles en la cocina. Si quieres lavar y escurrir bien la quinoa o el trigo sarraceno, necesitas un colador de malla, con el agujero pequeño. Y mucho mejor si es de acero inoxidable y no de plástico, que se acaban rompiendo.

Picadora eléctrica

Una máquina potente con al menos 800 W para poder triturar frutos secos, hacer cremas, *smoothies* y poder trabajar de manera más fina es imprescindible. Y si puede ser de 1.200 W, todavía mejor.

Robot de cocina

No es imprescindible, pero quiero ponerlo en la lista porque es un gran pinche cuando estás en modo multitarea en la cocina. Te echará una buena mano y te sacará de muchos apuros cuando tengas que triturar, amasar, hacer cremas, montar claras...

Los más básicos

Mantequillas de frutos secos

10 min / 1 tarro de la cantidad usada / sin gluten, vegana

De entre los básicos más básicos del mundo de los postres saludables, habrás oído hablar mucho de la peanut butter *y de toda la retahíla de cremas que surgieron después. Dan consistencia a postres, ayudan a ligar, compactan y ¡saben* delicious! *Eso sí, son muy calóricas, pero usadas en su justa medida, serán tu mejor aliado.*

Ingredientes

200 g (mínimo) del fruto seco crudo de tu elección

Tritura durante varios minutos en función de la potencia de la batidora que utilices. Te aconsejo que uses una muy potente.

En el caso de las avellanas, los cacahuetes y las almendras, puedes triturarlos con piel o sin ella.

Antes de triturarlos, también puedes probar a tostarlos unos 10 minutos a 180 ˚C en el horno. El sabor de la crema resultante es muy diferente.

Hay frutos secos que necesitan más tiempo en la batidora y otros menos, en función de su dureza. Los anacardos, por ejemplo, son los que más rápidamente se pulverizan, sueltan los aceites y se convierten en crema.

Valor nutricional aproximado por ración			
Valor energético	Grasa	Carbohidratos	Proteínas
170 kcal	5 g	6 g	4,6 g

Bebidas vegetales

5 min + el tiempo de activación / botellas de aprox. 1 litro / sin gluten excepto la de avena, vegana

Una deliciosa forma de cuidarte es hacer tu propia «leche» vegetal en casa. Te llevará pocos minutos y es la opción más económica y sostenible. Basta con comprar el ingrediente que prefieras y tener una batidora y una bolsa de tela para colarlo. Puedes ir variando y probar todas las bebidas vegetales. Te aconsejo, sin embargo, que empieces por las más conocidas, como las de avena, almendras, arroz o avellanas, y luego las ajustes a tu gusto.

Bebidas vegetales de arroz, avena, almendras o avellanas

Ingredientes para la leche de arroz, muy baja en calorías

150 g de arroz cocido

850 ml de agua

endulzante al gusto, como eritritol o estevia (opcional)

Ingredientes para la leche de avena, muy nutritiva y de fácil digestión

100 g de avena remojada durante 1 h en agua caliente (pesada en seco)

950 ml de agua

Ingredientes para la leche de almendras o avellanas crudas

100 g de almendras o avellanas crudas remojadas durante 8 horas en agua (peso en seco)

750 ml de agua

Lava bien la avena y las almendras (o las avellanas) después del remojo.

Escurre bien el arroz cocido, la avena o las almendras (o las avellanas) y tritúralos con el agua que se indica en cada bebida.

Viértelos dentro de una bolsa de tela para colar leche o queso, y aprieta bien para que la pulpa suelte todo el líquido. La bolsa debe estar dentro de un bol ancho.

En el caso de la avena, hay que colarla varias veces en un colador de malla fina.

Consejos y extras

No tires la pulpa de las avellanas o almendras.

Prueba a tostar las almendras o avellanas 10 minutos a 180 ˚C sin remojarlas y haz la misma operación: tritura con el agua. Notarás un delicioso sabor en tu leche.

Bebida vegetal de anacardos

Ingredientes para la leche de anacardos, la más sencilla y de sabor más neutro

100 g de anacardos crudos

850 ml de agua

Tritura los anacardos.

Vierte la leche en una botella de cristal. No es necesario colar.

Consejos y extras para todas las leches

Puedes endulzar cualquiera de las bebidas con dátiles, canela en polvo o sirope, o añadir piel de naranja o de limón antes de tomarla.

Es mejor endulzarlas en el momento de consumir porque de esta forma podemos aprovecharlas tanto para elaboraciones dulces como saladas.

Siempre hay que guardarlas refrigeradas en un recipiente hermético y de cristal, y durante 4-5 días máximo. No es recomendable calentarlas porque algunas tienden a cortarse.

Valor nutricional aproximado por vaso de leche de avena			
Valor energético	Grasa	Carbohidratos	Proteínas
90 kcal	2,25 g	15 g	3,25 g

Valor nutricional aproximado por vaso de leche de avellanas			
Valor energético	Grasa	Carbohidratos	Proteínas
70 kcal	4 g	7,7 g	1 g

Horchata casera *delicious*

10 min + el tiempo de remojo / aprox. 1 litro / sin gluten, vegana

En Valencia descubrí la verdadera horchata. Fue hace poco, durante el verano de 2019, y cambió totalmente la percepción que yo tenía de esta bebida. Su nombre viene de la expresión «Això és or, xata» (Esto es oro, chata). Las chufas con denominación de origen de Alboraya son sublimes y, si haces la horchata con ellas, probablemente no necesites endulzarla. Solo necesitarás, además de la buena materia prima, agua filtrada.
Si quieres darle una vuelta, prueba la receta que te dejo a continuación: mi horchata delicious.
Eso sí, ¡no se lo cuentes a un valenciano!

Ingredientes

250 g de chufas crudas, pesadas en seco

1 litro de agua

la piel de 1 naranja

1 dátil medjoul (opcional: si las chufas son de buena calidad, no hace falta endulzar porque estas ya son dulces)

canela en polvo

Bajo el grifo y sobre un colador, lava muy bien las chufas. Una vez limpias, déjalas en remojo en un bol ancho durante 24 h. Cambia el agua cada 8 h aproximadamente.

Pasado este tiempo, escúrrelas bien, lávalas de nuevo y tritúralas junto con el agua, la piel de naranja y el dátil deshuesado.

Tritura bien, con un procesador de alimentos potente, porque las chufas son unos frutos secos bastante duros.

Una vez que hayan soltado la leche, cuela en una bolsa de tela para leche.

Escurre bien para aprovechar toda la horchata resultante, vierte en una botella de cristal y refrigera.

Antes de servir fría, espolvorea un poco de canela en polvo por encima.

Valor nutricional aproximado por vaso			
Valor energético	Grasa	Carbohidratos	Proteínas
60/100 kcal	de 5 a 8 g	de 0 a 5 g	de 0 a 5 g

Chocolate para todos

15 min / 2 tabletas / sin gluten, vegana

El chocolate no hace preguntas incómodas. El chocolate te entiende.
Por esta razón siempre necesitas una tableta de chocolate en tu despensa. Por si las moscas.
Yo podría decirte que es mi medicina.

Ingredientes para el chocolate blanco

80 g de manteca de cacao

25 g de leche de coco en polvo tamizada o leche de soja en polvo

1 cucharada de vainilla líquida o 40 g de sirope de agave (o al gusto)

5 gotas de estevia líquida

Ingredientes para el chocolate negro

80 g de manteca de cacao

50 g de cacao en polvo, crudo y sin azúcar

una pizca de sal

25 g de sirope de coco

Funde al baño maría la manteca de cacao, a fuego medio y removiendo constantemente.

Cuando esté líquida, añade el cacao o la leche en polvo junto al resto de los ingredientes.

Bate bien hasta obtener una mezcla homogénea y vierte dentro de un molde de chocolate.

Refrigera hasta que se solidifique.

Consejos y extras

Para hacer un chocolate con leche, tendríamos que hacer una mezcla de ambas recetas, pulverizando muy bien los ingredientes sólidos y ajustando el nivel de dulzor.

Valor nutricional aproximado por onza			
Valor energético	Grasa	Carbohidratos	Proteínas
80 kcal	7 g	5 g	3 g

Compota de manzana para endulzar el momento

10 min / 1 bote de 300 g / sin gluten, vegana

Es una receta supersencilla y te sirve para endulzar lo que quieras. La puedes preparar de la forma rápida, en el microondas y triturarla, o hacer la versión más elaborada y aromatizada que te dejo a continuación.

Ingredientes

1 té chai infusionado en 250 ml de agua caliente

550 g de manzanas de una variedad dulce (aprox. 3 manzanas) peladas y descorazonadas

1 cucharadita de canela en polvo

70 g de dátiles medjoul, que equivalen a unos 3 dátiles (opcional)

una pizca de nuez moscada

1 cucharada de zumo de limón

½ vaina de vainilla o 1 cucharada de vainilla líquida

Hierve el agua e infusiona el té chai. Si no te gusta el sabor del chai, puedes usar otra variedad más suave, como el té verde. Deja reposar.

Pela las manzanas, descorazónalas y ponlas en una sartén con el resto de los ingredientes.

Vierte el agua y enciende el fuego. Deja cocer a fuego medio unos 40 minutos y remueve de vez en cuando.

Una vez que las manzanas estén tiernas, apaga el fuego, retira la vainilla en el caso de usar la media vaina y tritúralo todo. El agua se evapora durante la cocción; si quieres una consistencia más ligera, añade más líquido.

Deja enfriar a temperatura ambiente y guarda en un tarro hermético de cristal. En la nevera se conserva perfectamente unos 8 días.

Valor nutricional aproximado por ración			
Valor energético	Grasa	Carbohidratos	Proteínas
50 kcal	0 g	12 g	0,2 g

Caramelos de dátiles

10 min / 1 bote de 400 g / sin gluten, vegana

Son los básicos más indispensables del mundo dulce. Sirven para endulzar todo tipo de postres o para untar. Puedes prepararlos para el batch cooking *semanal y guardarlos refrigerados. Todos se conservan hasta dos meses en perfectas condiciones.*

Ingredientes para el caramelo de dátiles clásico

250 g de dátiles medjoul deshuesados (si no son medjoul, remójalos 20 min en agua hirviendo)

150 g de agua

una pizca de canela

Ingredientes para el caramelo de dátiles al punto de sal

todos los ingredientes del caramelo de dátiles clásico

1 cucharadita de escamas de sal

Ingredientes para el caramelo de dátiles con cacao

todos los ingredientes del caramelo de dátiles clásico

1 cucharada de cacao puro en polvo

1 cucharadita de vainilla líquida

Pon todos los ingredientes en el vaso de la batidora. Tiene que ser una batidora potente para que triture bien y se consiga una textura lisa.

Tritura hasta que no queden grumos.

Guarda en la nevera en un bote hermético de cristal.

Valor nutricional aproximado por ración			
Valor energético	Grasa	Carbohidratos	Proteínas
76 kcal	0,2 g	17 g	0,5 g

Mantequilla de coco y caramelo de coco tostado

10 min / 1 bote de 280 g / sin gluten, vegana

¡NO TE COMAS EL COCO! Dos recetas en una. Es como preparar la leche condensada y después hacer un dulce de leche, pero en versión saludable y sin azúcar. Solo vas a necesitar coco rallado y un pelín de paciencia. El resultado merece la pena.

Ingredientes

280 g de coco rallado o coco en escamas (es necesaria una buena cantidad para que se triture bien)

En un procesador de alimentos potente, introduce una buena cantidad de coco y empieza a picar a baja velocidad.

Aumenta progresivamente y sigue picando. Pasarán varios minutos hasta que el coco empiece a soltar el aceite y se vaya convirtiendo, poco a poco, en mantequilla.

Puedes dejarla *crunchy* o totalmente lisa. Si decides hacerla lisa, implica más tiempo de triturado.

Sigue para preparar el caramelo de coco tostado...

Una vez que tienes la mantequilla de coco lista, ponla en una sartén antiadherente, enciende el fuego muy bajo (¡es importante que esté bajo!) y ve removiéndola sin parar con una lengua de silicona.

Pasados 12 minutos, el coco se convertirá en caramelo y quedará tostado.

Deja enfriar por completo antes de pasar a un tarro hermético de cristal.

Valor nutricional aproximado por ración	
Valor energético	135 kcal
Grasa	12,8 g
Carbohidratos	1,8 g
Proteínas	1,6 g

Consejos y extras

Este caramelo es ideal para untar, hacer rellenos, galletas...

Toffee de café

10 min / 1 bote de 200 g / sin gluten, vegana

El café se convirtió en mi mejor aliado durante la época universitaria. Supongo que todos pasamos por periodos en los que nos enganchamos a él. Pero después vemos que, para mantener una «buena relación», hay que tomar distancia. Ahora, cuando de vez en cuando me concedo un espresso, *lo disfruto más. Y ya ni te digo cuando saboreo un caramelo de café saludable como este. Con este* toffee *puedes hacer un tiramisú o untarlo en tostadas.*

Ingredientes

1 café expreso

200 g de dátiles medjoul deshuesados

Prepara un café y pon en él los dátiles deshuesados en remojo durante unos 15 minutos.

Pasado ese tiempo, viértelo todo dentro de un procesador de alimentos potente y tritura hasta obtener una crema lisa.

Guárdalo refrigerado en un tarro hermético de cristal. Se conserva hasta dos semanas.

Valor nutricional aproximado por ración			
Valor energético	Grasa	Carbohidratos	Proteínas
76 kcal	0,2 g	17 g	0,5 g

Mermeladas sencillas de casi todo

10 min / 6 personas / sin gluten, vegana

Estas deliciosas mermeladas se conservan mucho menos tiempo que las tradicionales cargadas de azúcar, pero su sabor es espectacular. Saben realmente a lo que son y, con el poco tiempo que tardarás en prepararlas, merece la pena darles una oportunidad. Si quieres aprovechar para comprar fruta de temporada, pero hacer mermelada y disfrutarla en cualquier otro momento del año, la mejor opción es congelarla y sacarla justo cuando vayas a elaborar la receta.

Ingredientes

- 150 g de mango, pera, arándanos, cerezas, frambuesas, calabaza, zanahoria...
- endulzante al gusto (estevia o sucralosa líquida, eritritol...)
- 10 ml de zumo de limón
- especias al gusto (canela, cardamomo, una pizca de pimienta rosa...)
- 125 ml de agua para las mermeladas de fruta no acuosa (es decir, mango, manzana, pera, zanahoria...)
- 1 cucharada de semillas de chía

Pon la fruta en un cazo. Si vas a preparar fruta poco acuosa, añade el agua. Pon también el zumo de limón, el endulzante y las especias.

Lleva a fuego medio y cuece durante unos 15 minutos para que la fruta se ablande. El tiempo puede variar según la fruta escogida.

Cuando veas que la fruta está tierna, apaga el fuego y tritura con una batidora.

Por último, añade las semillas de chía y remueve para que se impregne bien.

En un tarro hermético de cristal, se conserva en perfectas condiciones unos 5 días en el frigorífico.

Consejos y extras

Si te gusta la mermelada con trocitos, no la tritures con una batidora; cháfala con un tenedor y, al estar tierna, quedará una compota deliciosa.

Valor nutricional aproximado por ración	
Valor energético	20 kcal
Grasa	0,1 g
Carbohidratos	4 g
Proteínas	0,2 g

Pan de boniato sencillo, sin gluten y sin amasado

15 min + el tiempo de cocción / 1 pan de 26 cm (9 rebanadas aprox.) / sin gluten, vegetariana

Dicen que una buena salsa requiere un buen pan y si este es casero, ¡mucho mejor! Con esta receta ya no tienes excusas porque no necesita amasado y, además, es sin gluten. Increíble, pero cierto.

Ingredientes

450 g de boniato crudo
  o calabaza o zanahoria crudas

300 g de almendra molida

3 huevos grandes (aprox. 190 g)

60 g de aceite de oliva virgen
  extra

20 g de levadura química

1 cucharadita de cúrcuma
  en polvo

una pizca de sal

una pizca de pimienta negra

30 g de semillas de calabaza

Pela y ralla los boniatos. Si decides usar zanahorias en vez de boniatos, hay que lavarlas y no es necesario pelarlas. Añade el resto de los ingredientes, excepto las semillas, y tritura hasta obtener una masa homogénea.

Vierte la masa en un molde de *plum cake* de 26 × 12 cm forrado con papel vegetal y espolvorea las semillas por la superficie.

Introduce el molde en el horno precalentado a 180 ˚C durante 1 h 30 minutos.

Pasado este tiempo, comprueba con un palillo que el interior está cocido.

Saca del horno y deja enfriar a temperatura ambiente. Una vez frío, desmolda y sirve.

> ### Consejos y extras
> Este pan admite congelación. Puede congelarse hasta 3 meses envuelto en film transparente.

Valor nutricional aproximado por rebanada	
Valor energético	355 kcal
Grasa	26 g
Carbohidratos	14 g
Proteínas	12,6 g

Pan sencillo con 3 ingredientes

25 min / 4 panecillos / vegetariana

Receta fantástica por si te ha pillado el toro, es domingo por la tarde y la panadería ha cerrado… ¡No te apures! Hoy en día puedes solventarlo fácilmente. ¿Tienes 30 minutos? ¡Pues al cabo de este tiempo tendrás un pan recién hecho!

Ingredientes

170 g de yogur griego

120 g de harina de espelta integral

10 g de levadura química o impulsor

semillas de sésamo (opcional)

Precalienta el horno a 245 °C con calor arriba y abajo.

En un bol, pon el yogur, la harina y la levadura, y amasa. Puedes hacerlo con un robot de cocina o con las manos. Si amasas manualmente, primero remueve con una cuchara de madera y, cuando empiece a integrarse, trabájalo unos minutos con las manos hasta que puedas formar una bola.

Corta la masa en cruz formando 4 trozos y bolea cada una de las 4 partes.

Ponlas sobre una bandeja de horno forrada con papel vegetal y, si quieres, pincela con un poquito de agua y espolvorea semillas de sésamo.

Introduce los panecillos en el horno durante 7 minutos o hasta que veas que se doran y, al dar golpes en la base de cada uno, suene hueco.

Saca del horno y deja enfriar del todo sobre una rejilla.

Valor nutricional aproximado por panecillo			
Valor energético	Grasa	Carbohidratos	Proteínas
157,5 kcal	5 g	20,5 g	5,9 g

Brioche lento tipo francés

30 min + tiempo de levado y cocción / 10 rebanadas / vegetariana

Este brioche era el favorito de mi abuela y recuerdo muchos momentos saboreándolo a su lado. No es el más saludable del mundo y seguramente no sea recomendable comerlo a diario, pero es mi pequeño homenaje a una persona que me dio tanto...

Ingredientes

60 g de leche templada

7 g de levadura seca de panadero (o 25 g de levadura fresca)

45 g de azúcar de coco

1 cucharada de vainilla líquida

475 g de harina de trigo

1 cucharadita de levadura química

una pizca de sal

3 huevos medianos

50 g de mantequilla a temperatura ambiente

Valor nutricional por rebanada	
Valor energético	238 kcal
Grasa	0,6 g
Carbohidratos	39 g
Proteínas	8,9 g

En un recipiente, pon la leche templada junto con la levadura de panadero, el azúcar y la vainilla. Remueve bien.

En el bol de la amasadora, pon la harina, la levadura química, la sal y los huevos ligeramente batidos. Empieza amasando a velocidad 1-2 y agrega la leche con el azúcar, la levadura y la vainilla. Sigue amasando durante unos 3 minutos. Verás que se forma una masa como de arena. Ahora, poco a poco, agrega la mantequilla para que la masa vaya absorbiéndola. Sigue amasando unos 15-20 minutos más.

Cuando veas que la masa se despega de las paredes del bol, sácala y forma una bola con las manos. Ponla en un bol embadurnado en aceite de oliva o mantequilla, tápala con film y deja reposar 2 horas en un lugar templado y sin corrientes.

Pasado este tiempo, coge la masa, que habrá doblado su volumen, y amásala con las manos para quitarle el aire del interior. Corta la masa en 3 partes iguales y forma 3 bolas.

Pon las bolas una al lado de la otra en un molde rectangular de 26 × 14 cm forrado con papel vegetal. Tapa con un paño húmedo (o más film transparente aceitado) y deja levar 2 horas más.

Precalienta el horno a 180 ˚C. Pinta la superficie de las tres bolas de brioche con leche, huevo batido o mantequilla fundida, y hornea durante 25 minutos o hasta que al pinchar el centro con un palillo este salga limpio.

Si ves que se dora demasiado la parte superior, puedes tapar con papel de aluminio.

Mis granolas favoritas

45 min / 1 bote de 300 g / sin gluten (si usas avena certificada sin gluten), vegana

De pequeña yo era de las que desayunaban pegadas a la caja de cereales y leía y releía cada mañana el dorso como si tuviese que encontrar algo diferente. Ahora ya no tengo caja, pero tengo los cereales más delicious del mundo. Los hago en casa, adaptándolos a mis gustos y asegurándome de no cargarlos de azúcar.

Granola clásica

Ingredientes

2 tazas de copos de avena (aprox. 175 g)

½ taza de frutos secos

½ taza de fruta deshidratada

2 cucharadas de semillas de calabaza

50 g de aceite de oliva virgen extra

3 cucharadas de sirope de dátiles

1 cucharada de vainilla en pasta

una pizca de sal

½ cucharadita de canela molida

En un bol amplio, mezcla todos los ingredientes. Es mejor si lo haces con las manos para así asegurarte de que los ingredientes secos quedan bien impregnados.

Reparte sobre una bandeja de horno forrada con papel vegetal. Extiende una fina capa para que así se dore mejor.

Introduce en el horno precalentado a 175 ˚C durante 20-25 minutos.

Ve removiendo para que se tueste de manera uniforme.

Saca del horno y deja enfriar completamente antes de guardar en un recipiente hermético de cristal.

Granola de chocolate

Ingredientes

175 g de copos de avena

2 claras de huevo

40 g de cacao en polvo

4 dátiles medjoul o 50 g de sirope de agave o miel cruda

una pizca de sal

1 cucharadita de vainilla

120 g de fruta deshidratada (arándanos y pasas)

160 g de anacardos y avellanas crudos

un puñado de *nibs* de chocolate (se añaden en frío)

La preparación de esta granola es igual que la de la anterior.

Granola de quinoa y naranja

Ingredientes

250 g de quinoa cocida

100 g de almendra cruda

½ cucharadita de canela molida

una pizca de nuez moscada

3 cucharadas de sirope de agave

2 cucharadas de aceite de coco
fundido o aceite de oliva

1 cucharada de vainilla

100 g de pasas

ralladura de ½ naranja

40 g de escamas de coco
(se añaden en los últimos
5 minutos)

Hay que controlar más la cocción de esta granola, ya que se quema muy fácilmente. Es preciso removerla más a menudo.

Granola de otoño

Ingredientes

100 g de copos de avena

80 g de calabaza (o boniato)
asada hecha puré

80 g de dátiles

60 g de mezcla de nueces
de Brasil y nueces pacanas
troceadas

una pizca de sal

½ cucharada de jengibre molido

½ cucharada de canela

una pizca de pimienta

una pizca de nuez moscada

15 g de aceite de oliva virgen
extra

60 g de pasas

1 cucharada de vainilla líquida

30 g de coco rallado

En el vaso de la batidora, tritura la calabaza (o boniato) con los dátiles, la sal, las especias, la vainilla y el aceite.

Vierte en un bol y agrega el resto de los ingredientes.

Cuece de la misma forma que las otras granolas.

Valor nutricional aproximado por ración			
Valor energético	Grasa	Carbohidratos	Proteínas
182 kcal	0,8 g	20 g	4 g

Nutella® casera

10 min / 1 bote de 500 g / sin gluten, vegana

Seguro que en esta vida te habrán hecho muchas veces la misma pregunta: ¿de Nutella® o de Nocilla®? No hace falta que elijas más. Después de probar esta tan delicious, no vas a querer otra. ¡Palabrita!

Ingredientes

200 g de avellanas tostadas

30 g de cacao puro

200 g de dátiles medjoul deshuesados y remojados (pesados en seco)

1 cucharada de aceite de coco

150 ml de leche vegetal al gusto

1 cucharada de vainilla

Tritura y listo. Eso sí, cuanto más potente sea tu robot o picadora, mejor te quedará la textura.

Consejos y extras

Si no se tritura bien, puede ser porque tu procesador no sea demasiado potente o porque no estés triturando suficiente cantidad. Por lo general, los robots no trituran de manera fina una cantidad inferior a 200 g de frutos secos. También podría ser por falta de líquido; en ese caso, añade un pelín más de leche vegetal o aceite.

Valor nutricional aproximado por cucharada (de 15 g)			
Valor energético	Grasa	Carbohidratos	Proteínas
56,6 kcal	3,8 g	5,11 g	1,3 g

Desayunos, meriendas y *snacks*

Tortitas superesponjosas de manzana con frutos rojos y semillas de cáñamo

20 min / para 2 personas / sin gluten (si usas avena certificada sin gluten), vegetariana

Mi plan perfecto: desayunar tortitas un domingo a media mañana con música de fondo. Así que, si eres de los míos, apunta, porque esta receta te interesa.

Ingredientes para las tortitas

½ manzana (unos 80 g)

60 g de harina de avena

1 cucharadita de levadura química

una pizca de canela

ralladura de ½ limón

45 g de compota de manzana, caramelo de dátiles o sirope de agave

1 huevo pequeño

1 cucharada de vainilla

125 ml de leche de soja

una pizca de sal

15 g de aceite de coco, ghee o mantequilla derretida

Ingredientes para acompañar

100 g de frutos rojos variados: arándanos, frambuesas, fresas...

1 cucharada de sirope de dátiles, agave...

chocolate negro rallado

semillas de cáñamo

fruta fresca

Pon los frutos rojos en un cazo junto al sirope y cuece a fuego medio hasta que suelten el jugo. Reserva.

En una picadora, pon la manzana lavada, descorazonada, pero con piel. Tritúrala un par de segundos hasta que quede reducida a trocitos pequeños y pásala a un bol. Agrega el resto de los ingredientes para hacer las tortitas y mezcla bien hasta que queden bien integrados.

Engrasa una sartén con un poquito de aceite o mantequilla.

Vierte en la sartén dos cucharadas de la mezcla y deja que se dore. Voltea y tuesta ligeramente por el otro lado. Pasa a un plato y repite lo mismo con el resto de la masa.

Justo cuando saques la tortita del fuego, espolvorea un poco de chocolate recién rallado por encima para que el calor residual lo funda y quede un rico sirope de chocolate.

Reparte por encima el jugo de frutos rojos que tenías reservado, la fruta fresca y espolvorea las semillas de cáñamo.

Valor nutricional aproximado por cucharada (de 15 g)			
Valor energético	Grasa	Carbohidratos	Proteínas
550 kcal	14,9 g	34,8 g	9,3 g

Pancakes de fruta y avena con arándanos

20 min / 8 *pancakes* (2 personas) / sin gluten (si usas avena certificada sin gluten), vegana

De las recetas más sencillas del universo. Ya no hay excusa para no desayunar rico y saludable.

Ingredientes

130 g de copos de avena triturados hasta obtener harina

1 cucharadita de bicarbonato o de levadura química

1 melocotón (o plátano o manzana pequeña o kiwi y medio)

1 cucharadita de vinagre de manzana

60 g de yogur de soja

290 g de leche de coco

15 g de caramelo de dátiles o 20 g de eritritol

un puñado de arándanos (unos 5 o 6 por *pancake*)

En una batidora, tritura todos los ingredientes —menos los arándanos— hasta obtener una masa espesa. Añade los arándanos a continuación o en el momento de hacer los *pancakes* en la sartén. Deja reposar 15-20 minutos. También la puedes dejar reposar toda la noche en el frigorífico.

Engrasa una sartén de 10 cm de diámetro con dos gotas de aceite de oliva. Vierte una pequeña cantidad de masa hasta cubrir la superficie de la sartén. Si no has añadido antes los arándanos, reparte ahora unos 5 o 6 por la superficie.

Deja que se cueza unos 4 minutos a fuego medio-bajo. Cuando empiece a burbujear, dale la vuelta ayudándote con una espátula. Deja que se dore 2 minutos más, retira del fuego y pon en un plato. Haz lo mismo con el resto de la masa.

Sirve caliente, con fruta fresca y un poco de sirope de dátiles por encima.

> **Consejos y extras**
>
> Puedes usar directamente la harina de avena, pero los copos de avena triturados al momento le aportan textura.

Valor nutricional aproximado por ración	
Valor energético	576 kcal
Grasa	7,3 g
Carbohidratos	54,3 g
Proteínas	10,6 g

Chocolates a la taza para curar el alma

5 min / 1 taza / sin gluten (si usas leche de avena que sea certificada sin gluten), vegana

Más sencillo imposible y, además, saludable. ¿A quién no le apetece acurrucarse en el sofá debajo de una manta en invierno con uno de estos? Te propongo dos versiones.

Ingredientes para el chocolate especiado

250 ml de bebida vegetal al gusto (yo, generalmente, uso de coco)

5 g de cacao en polvo

15 g de chocolate con un 85 % de cacao, troceado

una pizca de cardamomo, canela, nuez moscada y jengibre molido

1 dátil medjoul deshuesado (aprox. 15 g)

Ingredientes para el chocolate al punto de sal

250 ml de bebida vegetal al gusto

20 g de cacao puro en polvo

2 dátiles medjoul deshuesados (aprox. 30 g)

20 g de chocolate con un 85 % de cacao, troceado

20 g de mantequilla de cacahuete u otra al gusto

escamas de sal

Para ambos chocolates el procedimiento es el mismo.

En un cazo o en el microondas, calienta todos los ingredientes juntos durante 1 minuto.

Pásalos a la batidora y bate durante 30 segundos a máxima potencia para que el dátil se triture y la mezcla espumee.

Sirve en una taza.

Consejos y extras

Lo idóneo es tomar estos chocolates al momento. Pero también puedes verterlos en un termo y llevártelos al trabajo.

Valor nutricional aproximado por taza			
Valor energético	Grasa	Carbohidratos	Proteínas
470 kcal	26,7 g	33 g	22 g

Pudding de chía de caramelo con albaricoques braseados

10 min + 2 h de reposo / 2 raciones (vasitos) / sin gluten, vegana

No te miento si te digo que es una de mis recetas favoritas desde que la probé. Y quise que estuviera en mi libro, por lo que nunca antes ha visto la luz. ¡Es ES-PEC-TA-CU-LAR!

Ingredientes

70 g de dátiles medjoul

40 g de mantequilla
de anacardos

1 cucharadita de esencia
de vainilla

125 ml de bebida de soja

120 g de yogur de soja sin azúcar

una pizca de sal

30 g de semillas de chía

2 o 3 albaricoques
(o 1 melocotón)

hojas de menta fresca

En el vaso de la batidora, tritura los dátiles con la mantequilla de anacardos, la vainilla, la bebida de soja, el yogur y la sal.

Pon la mezcla en un vaso y añade las semillas de chía. Mezcla muy bien y reparte en dos vasitos. Refrigera un mínimo de 2 horas (o toda la noche).

Antes de servir, trocea el melocotón o el albaricoque previamente lavados. Pon una sartén a fuego medio y dora los gajos de fruta ligeramente por ambos lados. Sirve sobre cada *pudding* y decora con menta fresca.

Valor nutricional aproximado por ración			
Valor energético	Grasa	Carbohidratos	Proteínas
346 kcal	17,3 g	34,9 g	12,9 g

Pudding de chía exprés con mango y frambuesas

10 min + 2 h de reposo / 1 ración / sin gluten, vegana

Si eres de aquellos a los que la chía todavía no les convence, dale una oportunidad con esta forma de tomarla. ¡No te vas a arrepentir!

Ingredientes

100 g de leche de coco

20 g de semillas de chía

una pizca de jengibre en polvo

una pizca de cúrcuma

una pizca de pimienta negra

caramelo de dátiles u otro endulzante (cantidad al gusto)

100 g de mango triturado

frambuesas frescas para decorar

En un vaso, pon todos los ingredientes, excepto las frambuesas, y mezcla bien.

Refrigera un mínimo de 2 horas.

Antes de servir, decora con las frambuesas frescas.

Valor nutricional aproximado por ración			
Valor energético	Grasa	Carbohidratos	Proteínas
208 kcal	8 g	27 g	5,2 g

Pudding de quinoa con kéfir y compota de manzana

10 min + 2 h de reposo / 1 ración / sin gluten, vegana

Hace tiempo, cuando probé por primera vez la quinoa en dulce, me quedé alucinada. Es realmente deliciosa, sin gluten y una semilla con mucha proteína.

Ingredientes

200 g de quinoa tricolor

400 ml de leche de coco (puede ser otra bebida vegetal al gusto)

1 vaina de vainilla

ralladura de ½ naranja

½ cucharadita de canela molida

300 g de kéfir de oveja o de cabra

compota de manzana al gusto (ver receta pág. 30)

En un colador, lava bien la quinoa hasta que el agua que suelte sea totalmente transparente.

Vierte la quinoa en un cazo junto con la leche de coco y la vaina de vainilla partida en dos. Agrega la ralladura de naranja y la canela.

Enciende el fuego y cuece durante 15 minutos o hasta que la quinoa haya explotado y ya no quede líquido.

Apaga el fuego, reparte en 6 vasitos individuales y deja enfriar a temperatura ambiente hasta que estén templados, y luego refrigera.

A la hora de servir, pon 2 cucharadas de kéfir y 2 de compota de manzana por encima.

Consejos y extras

Se puede preparar con anterioridad y se conserva en perfectas condiciones unos 4 días en la nevera.

Sustituye el kéfir por yogur vegetal para hacer la receta vegana.

Valor nutricional aproximado por ración			
Valor energético	Grasa	Carbohidratos	Proteínas
104, 5 kcal	3,5 g	14,7 g	3,5 g

Tres porridges diferentes

10 min / 1 ración / sin gluten (si usas avena certificada sin gluten), vegana

El porridge (gachas de avena) es mi desayuno favorito. Suelo disfrutarlo sin reloj durante el fin de semana o me lo llevo en un tarro hermético si desayuno fuera de casa. En invierno, bien calentito, y en verano lo preparo la noche anterior, lo guardo en la nevera y lo tomo frío.

Porridge de chocolate

Ingredientes

½ plátano

300 ml de bebida vegetal, la que prefieras

1 cucharada de vainilla líquida

½ cucharadita de canela en polvo

20 g de cacao en polvo

35 g de copos de avena integrales

10 g de eritritol, 1 cucharada de caramelo de dátiles o tu endulzante favorito

1 cucharada de mantequilla de anacardos

Toppings: chocolate negro, nueces, semillas de cáñamo, *nibs* de cacao...

Tritura el plátano junto con la bebida vegetal, la vainilla, la canela y el cacao.

Vierte en un cazo y añade el resto de los ingredientes. Hierve hasta que espese.

Sirve en un bol y decora con los *toppings*.

Consejos y extras

En el microondas, pon la mezcla en un bol y enciende 1 minuto a máxima potencia. Saca, remueve bien y enciende de nuevo 30 segundos. Remueve otra vez y enciende unos 30 segundos más. Hay que controlar continuamente que no se salga del bol.

Valor nutricional aproximado por ración			
Valor energético	Grasa	Carbohidratos	Proteínas
434 kcal	16,4 g	45,4 g	22,4 g

Porridge de fresas

Ingredientes

4-6 fresones

6-8 frambuesas

35 g de copos de avena

250 ml de bebida vegetal, la que sea de tu preferencia

2 cucharaditas de coco rallado

una pizca de canela

10 g de eritritol, 1 cucharada de caramelo de dátiles o tu endulzante favorito

Toppings: fruta fresca, coco rallado...

Lava bien la fruta y tritura las fresas y las frambuesas con un tenedor.

Vierte en un cazo junto a la avena, la bebida vegetal y el coco. Hierve toda la mezcla junto con la canela y el endulzante hasta que se espese.

Sirve en un bol y decora con los *toppings*.

Valor nutricional aproximado por ración			
Valor energético	Grasa	Carbohidratos	Proteínas
342 kcal	13,8 g	38,5 g	14,7 g

Porridge de *carrot cake*

Ingredientes

1 zanahoria pequeña

35 g de copos de avena

1 cucharada de semillas de chía

1 cucharadita de vainilla

1 cucharadita de mantequilla de nueces u otro fruto seco

300 ml de leche de coco u otra de tu preferencia

10 g de eritritol, 1 cucharada de caramelo de dátiles o tu endulzante favorito

Toppings: coco deshidratado, granola casera...

Ralla la zanahoria y ponla junto al resto de los ingredientes en un cazo. También puedes hacerlo en el microondas como se explica en la primera receta.

Cuece hasta que espese.

Sirve en un bol y decora con los *toppings*.

Consejos y extras

Para conseguir un extra de cremosidad, pon la avena en un *tupper*, añade la leche de coco y deja reposar toda la noche. Por la mañana, continúa con la receta según se indica.

Valor nutricional aproximado por ración			
Valor energético	Grasa	Carbohidratos	Proteínas
320 kcal	16,4 g	23,9 g	16,1 g

Muffins de chocolate y calabaza con *frosting* de cacao y frambuesa

40 min + 22 min de cocción / 12 muffins / sin gluten (si usas avena certificada sin gluten), vegetariana

Sin azúcar, sencillos y saludables. Estos muffins tan llamativos son perfectos para un snack.

Ingredientes para los muffins

250 g de calabaza asada

145 g de dátiles deshuesados

195 g de copos de avena

2 huevos grandes

55 g de mantequilla
de cacahuete (u otra al gusto)

80 g de bebida vegetal,
la que prefieras

30 g de cacao puro en polvo

una pizca de sal, de canela,
de jengibre, de vainilla
y de levadura química

100 g de *chips* de chocolate
(opcional)

Ingredientes para el *frosting*

200 g de mascarpone

20 g de cacao puro en polvo

1 cucharada de vainilla

eritritol o estevia al gusto

frambuesas para decorar

Asa la calabaza troceada en el horno a 180 °C hasta que esté tierna. También puedes cocerla en agua y después escurrirla.

Tritura la calabaza junto con los dátiles y los copos de avena. Añade el resto de los ingredientes —habiendo tamizado el cacao previamente— y remueve con unas varillas hasta obtener una mezcla homogénea.

Precalienta el horno y reparte la mezcla en moldes de muffins o magdalenas. Hornea a 190 °C durante 22 minutos. Pasado este tiempo, comprueba que están listos pinchando el centro de uno de ellos. Si sale limpio, sácalos del horno y deja enfriar a temperatura ambiente.

Una vez fríos, mezcla los ingredientes del *frosting* hasta tener una mezcla homogénea. Introduce la crema dentro de una manga pastelera y decora cada uno de los muffins.

Para terminar, pon una frambuesa fresca sobre cada muffin.

Consejos y extras

Puedes hacer más cantidad de muffins y congelarlos en bolsas especiales.

Si utilizas avena certificada, la receta es sin gluten.

Valor nutricional aproximado por muffin			
Valor energético	Grasa	Carbohidratos	Proteínas
283 kcal	16,8 g	22,6 g	8,1 g

Natillas sencillas
de limón y de chocolate

10 min / para 4 personas / sin gluten, vegana

Si ahí fuera se supiese esto… ¡Guardemos el secreto! Solo tú y yo vamos a disfrutar de algo tan rico.

Ingredientes para las natillas de limón

500 ml de bebida de soja

ralladura de 2 limones grandes

20 g de maicena (harina fina de maíz, kuzu, arrurruz o espesante similar)

endulzante al gusto (yo le pongo unas gotitas de sucralosa líquida o estevia)

Mezcla todos los ingredientes en frío dentro de un cazo y remueve hasta que no haya grumos.

Pon a fuego medio y remueve constantemente hasta que espese y coja consistencia. Cuando pases una lengua de lado a lado y veas el fondo del cazo durante un par de segundos, ya lo tienes listo.

Reparte en vasitos y deja templar.

Refrigera unas 2 horas antes de consumir.

¼ de cucharadita de canela molida

una pizca de cúrcuma para aportar color

___

Ingredientes para las natillas de chocolate

450 ml de bebida de soja

30 g de cacao en polvo

15 g de maicena (harina fina de maíz, kuzu, arrurruz o espesante similar)

¼ de cucharadita de canela

una pizquita de sal

cacao en polvo y mantequilla de cacahuete para decorar

Consejos y extras

Antes de guardarlo, tápalo a piel (cubre con film transparente de manera que quede en contacto con la superficie) para evitar que se forme una costra.

Valor nutricional aproximado por ración de las natillas de limón			
Valor energético	Grasa	Carbohidratos	Proteínas
94 kcal	4 g	10 g	4 g

Valor nutricional aproximado por ración de las natillas de chocolate			
Valor energético	Grasa	Carbohidratos	Proteínas
77 kcal	3,1 g	5,3 g	5,41 g

Bowl de yogur *blended* con granola

10 min / 1 bol / sin gluten, vegetariana

Que el nombre no te asuste. No es más que un bol de yogur con otros ingredientes que resulta sorprendentemente delicious.

Ingredientes

125 g de yogur natural, mejor si es griego. Usar de soja para la versión vegana

½ plátano

1 dátil medjoul

3-4 nueces

granola al gusto
(ver receta pág. 46)

En el vaso de la batidora, pon todos los ingredientes excepto la granola.

Bate durante 30 segundos hasta obtener una crema densa.

Sirve en un bol y decora con la granola.

Valor nutricional aproximado por bol			
Valor energético	Grasa	Carbohidratos	Proteínas
267 kcal	11,9 g	34 g	9,8 g

Helado rapidísimo
de plátano y cacao

1 min / 1 ración / sin gluten, vegana

Esta sí que es sencilla: ¡no hace falta casi nada! Solo triturar y servir. Y es apta para todos los públicos.

Ingredientes

1 plátano congelado

20 g de cacao puro en polvo

chips de chocolate para decorar

Tritura el plátano, todavía congelado, con el cacao hasta obtener una textura cremosa.

Consejos y extras

Es necesario tener el plátano previamente congelado y triturarlo en un robot con potencia suficiente para triturar hielo.

Si se derrite al triturar, congela unos minutos antes de consumir.

Si lo dejas congelado durante horas, tendrás que sacarlo unos minutos y dejarlo templar antes de poder consumirlo.

Cuanto más maduro esté el plátano en el momento de la congelación, más dulce será el resultado.

Si no te gusta el plátano, puedes usar aguacate congelado o incluso yogur. Eso sí, en estos casos, hay que añadir algún edulcorante.

Valor nutricional aproximado por ración	
Valor energético	225 kcal
Grasa	3,7 g
Carbohidratos	39,8 g
Proteínas	6,8 g

Dátiles rellenos de mantequillas de frutos secos

10 min + reposo / sin gluten, vegana

¡Auténticas bombas de placer! Esto como preentreno es «canela en rama».

Ingredientes

dátiles de la variedad medjoul

chocolate con un 85 % de cacao

mantequillas de frutos secos: cacahuete, anacardos, avellanas, almendras...

Con cuidado, deshuesa los dátiles cortándolos por un lateral. Quita las semillas sin que se rompa demasiado la pulpa.

Rellena los dátiles con una cucharadita de la mantequilla de fruto seco que escojas y refrigera 20 minutos para que coja consistencia.

En el microondas, derrite el chocolate a intervalos cortos de tiempo procurando que no se queme.

Baña los dátiles en el chocolate y déjalos sobre una bandeja forrada con papel vegetal.

Guarda en la nevera hasta el momento de consumirlos.

> **Consejos y extras**
>
> Un *snack* delicioso para llevarnos de excursión. Puedes hacer la misma receta con ciruelas pasas.

Valor nutricional aproximado por ración			
Valor energético	Grasa	Carbohidratos	Proteínas
267 kcal	11,9 g	34 g	9,8 g

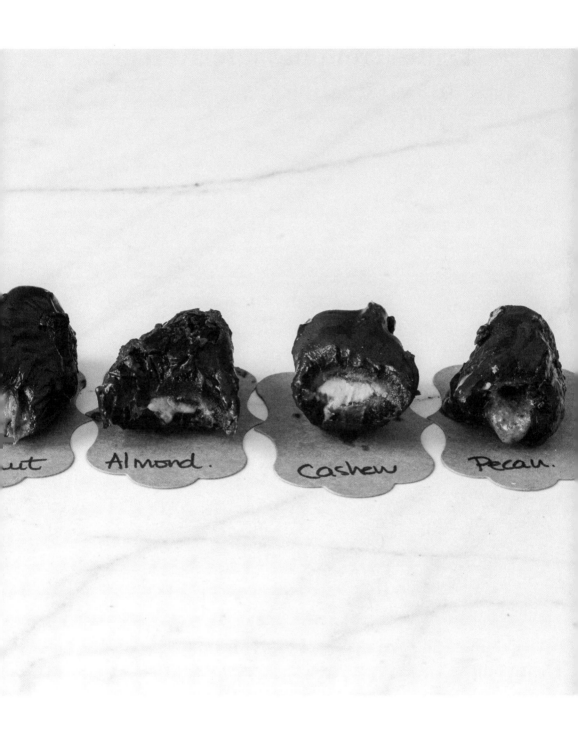

ut   Almond.   Cashew   Pecan.

Trufas con pulpa de avellanas

40 min / 12 trufas / sin gluten, vegana

Aquí no se tira nada y de unas sobras sacamos otra receta. ¡Aprovechamiento en estado puro!

Ingredientes

75 g de pulpa de avellanas
(ver receta de la bebida
de avellanas en la pág. 22)

20 g de cacao en polvo

100 g de dátiles medjoul

100 g de chocolate negro
para cubrirlas

Tritura la pulpa con el cacao y los dátiles hasta obtener una textura parecida a la arena mojada, pero con la que puedas formar bolas. Si no está lo bastante densa, añade un poco más de cacao. También puedes refrigerar durante 30 minutos para que coja consistencia.

Forma 12 bolitas con las palmas de las manos y déjalas sobre papel vegetal.

En el microondas, a baja potencia y a intervalos de 30 segundos, funde el chocolate. Una vez derretido, baña las trufas y déjalas reposar sobre el mismo papel.

Refrigera para que el chocolate se solidifique.

Consejos y extras

En la nevera se conservan perfectamente 1 semana.

Si no tienes pulpa de avellanas, puedes hacerlas con frutos secos molidos.

Valor nutricional aproximado por trufa			
Valor energético	Grasa	Carbohidratos	Proteínas
120 kcal	7,9 g	9,4 g	2,5 g

Galletas de chocolate rellenas de crema de pistacho

40 min + 9 min de cocción / 33 galletas / vegana

Las puedes comer solas o rellenas, pero te aseguro que nunca más vas a necesitar comprar galletas en el supermercado.

Ingredientes para las galletas

- 170 g de sirope de agave o de dátiles
- 1 cucharadita de vainilla
- 125 g de mantequilla de almendras
- ½ cucharadita de canela en polvo
- 150 g de harina de espelta integral
- una pizca de sal
- 10 g de fécula de patata o maicena
- 80 g de cacao crudo en polvo

Ingredientes para el relleno

- 75 g de anacardos remojados en agua caliente durante un mínimo de 2 horas (pesados en seco)
- 50 g de pistachos remojados en agua caliente durante un mínimo de 2 horas (pesados en seco)
- 30 ml de leche de coco
- 10 g de zumo de lima
- 3 g de té matcha
- una pizca de sal
- 85 g de dátiles medjoul
- 10 g de aceite o mantequilla de coco

Mezcla el sirope con la vainilla y la mantequilla de almendras. Añade la canela, la harina, la sal, la maicena o fécula de patata y el cacao. Remueve con cuidado hasta que se integre y después empieza a amasar con las manos hasta formar una bola.

Divide la masa en dos y estira con la ayuda de un rodillo hasta dejarla con un grosor de 3 mm. Corta circunferencias con un cortador de galletas y disponlas sobre una bandeja de horno forrada con papel vegetal. Repite la misma operación hasta terminar toda la masa.

Precalienta el horno a 180 ˚C y hornea durante 9 minutos. Saca del horno y deja enfriar por completo.

Para hacer el relleno, tritura todos los ingredientes en el vaso del procesador de alimentos hasta obtener una crema lisa y espesa. Introdúcela en una manga pastelera.

Cuando las galletas estén frías y con ayuda de la manga, pon un disco de crema encima de una galleta y tapa con otra formando un sándwich.

Consejos y extras

Guarda las galletas siempre refrigeradas en un recipiente hermético.

Valor nutricional aproximado por ración			
Valor energético	Grasa	Carbohidratos	Proteínas
99,7 kcal	4,8 g	10,3 g	3 g

Brownie *cheesecake*

20 min + 40 min de horneado / 12 unidades / sin gluten (si usas avena certificada sin gluten), vegetariana

Lo mejor de los dos mundos! Para los amantes del chocolate y los más cheesefrutones.

Ingredientes para la capa de brownie

50 g de chocolate fundido

100 g de plátano maduro

1 huevo mediano

40 g de eritritol o 70 g de azúcar de coco

20 g de cacao puro

1 cucharada de vainilla

40 g de almendra molida

30 g de bebida vegetal al gusto

Ingredientes para la capa de *cheesecake*

1 huevo mediano

150 g de queso crema

120 g de yogur

1 cucharada de vainilla

10 g de maicena (o harina de avena certificada sin gluten)

40 g de eritritol o 70 g de azúcar de coco

2-3 cucharadas de mantequilla de cacahuete o de maní

Valor nutricional aproximado por ración	
Valor energético	241 kcal
Grasa	19 g
Carbohidratos	6,7 g
Proteínas	9,4 g

Primero prepara la capa del brownie, que es la que irá abajo. Funde el chocolate en el microondas a intervalos cortos de tiempo y a baja potencia (también puedes hacerlo al baño maría) hasta que esté derretido por completo.

Por otro lado, tritura el plátano en una picadora junto con el resto de los ingredientes del brownie (el chocolate fundido también).

Engrasa un molde de 24 x 11 cm refractario y apto para horno y pon papel vegetal del mismo tamaño que la base en el fondo. Vierte la masa de brownie y reserva.

En un bol, mezcla todos los ingredientes de la capa del pastel de queso hasta obtener una mezcla homogénea y sin grumos. Vierte la mezcla sobre la de brownie con cuidado y, ayudándote de un cuchillo, realiza ondas por la superficie para que las dos capas de entremezclen ligeramente. Por último, decora con hilos de mantequilla de cacahuete.

Hornea 40 minutos en el horno precalentado a 175 °C. Cuando al pinchar con un palillo este salga limpio, saca del horno y deja templar a temperatura ambiente.

Consejos y extras

Puedes usar un molde más grande, pero quedará con poca altura. Si el molde es más pequeño, necesitarás más tiempo de horneado.

Cuanto más maduro esté el plátano, más dulzón será el resultado.

Cómelo templado. Si sobra, guárdalo refrigerado en un *tupper* de cristal hermético.

Energy balls de albaricoque

40 min / 18 *energy balls* / sin gluten (si usas avena certificada sin gluten), vegana

Para un chute de energía a cualquier hora.

Ingredientes

200 g de orejones

30 g de avena o almendra molida

100 g de mantequilla de anacardos

aceite de coco para engrasar las manos

35 g de coco rallado

En el vaso de la picadora, tritura los orejones junto con la avena o la almendra molida hasta obtener una masa pegajosa.

Añade el resto de los ingredientes excepto el coco rallado y vuelve a mezclar hasta obtener una pasta. Ponla en un bol y enfría durante 20 minutos.

Pasado este tiempo, engrásate las manos con aceite de coco y forma 18 bolitas con las palmas. Ve dejándolas en un plato.

Por último, reboza las bolitas con coco rallado.

Consejos y extras

Consérvalas en un lugar fresco dentro de un recipiente hermético, preferiblemente de cristal, hasta un máximo de 15 días.

Valor nutricional aproximado por bolita			
Valor energético	Grasa	Carbohidratos	Proteínas
193 kcal	10 g	19,7 g	4,7 g

Dónuts de boniato

20 min + 16 min de cocción / 12 dónuts / sin gluten

Para tener un día redondo. O simplemente como capricho, pero de los más sanos que puedas llevarte a la boca.

Ingredientes para los dónuts

220 g de boniato asado

50 g de harina de coco

20 g de aceite de oliva virgen extra

40 g de sirope de dátiles, de agave o miel

2 cucharadas de esencia de vainilla

1 cucharadita de levadura química o bicarbonato sódico

1 cucharada de vinagre de manzana

½ cucharadita de canela y ½ de jengibre molido

3 huevos medianos

una pizquita de sal

Ingredientes para la cobertura

7 g de manteca de cacao (o de aceite de coco)

70 g de chocolate con un 80 % de cacao

Para asar el boniato, lávalo bien, hazle un corte transversal sin llegar a atravesarlo y cuécelo en el horno a 200 °C hasta que esté tierno. Una vez listo, pélalo y pésalo.

En una picadora potente, tritura el boniato junto con el resto de los ingredientes hasta obtener una textura homogénea y sin grumos. Vierte la mezcla en un molde para dónuts (de metal o silicona) engrasado con aceite.

Precalienta el horno a 180 °C y cuece durante 16 minutos. Pasado este tiempo, retira del horno y deja enfriar.

Si usas un molde de metal, te recomiendo que antes de desmoldar lo pongas 15 minutos en el congelador. De esta manera, los dónuts saldrán sin romperse.

Una vez enfriados, prepara la cobertura. Funde el chocolate con la manteca en el microondas a baja potencia y a intervalos de tiempo cortos. Cuando esté totalmente fundido, baña la mitad de los dónuts con el chocolate y déjalos a temperatura ambiente para que el chocolate se solidifique.

> **Consejos y extras**
>
> Puedes reemplazar la harina de coco por harina de avena.
>
> Admiten congelación una vez horneados.

Valor nutricional aproximado por ración	
Valor energético	106,5 kcal
Grasa	6,7 g
Carbohidratos	8,3 g
Proteínas	2,9 g

Phoskitos® Pink Panther

50 min + reposo / 10 *phoskitos* / sin gluten (si usas avena certificada sin gluten), vegetariana

Dos recetas clásicas de mi infancia en una sola. De pequeña, recuerdo que me encantaban estos bizcochitos enrollados que podías encontrar en cualquier máquina de vending. *Pero es un producto que actualmente no entra dentro de mi estilo de alimentación; por ello, hice muchas pruebas hasta llegar a una versión muy personal y muy* delicious, *que comparto contigo.*

Ingredientes para el bizcocho

2 huevos medianos + 2 claras

40 g de eritritol (u otro endulzante granulado similar)

2 cucharaditas de esencia de vainilla

una pizca de sal

60 g de aceite de coco fundido o aceite de oliva

40 g de leche o bebida vegetal al gusto

60 g de harina de avena

Ingredientes para el relleno

360 g de mascarpone a temperatura ambiente

1 cucharada de mermelada de naranja sin azúcar

el interior de una vaina de vainilla

Ingredientes para la cobertura

chocolate ruby (aprox. 150 g)

Prepara primero la plancha de bizcocho. Por un lado, separa las claras de las yemas y monta las 4 claras a mano o con unas varillas eléctricas. Cuando estén semimontadas, añade el azúcar y el edulcorante, y sigue batiendo hasta obtener un merengue liso. Deja a un lado.

En un bol grande, pon las yemas, la sal, el aceite, la vainilla y la leche, y bate bien. Tamiza la harina de avena e integra completamente hasta que no haya grumos. Coge dos cucharadas del merengue e intégralo en las yemas sin mucho cuidado, para que coja textura.

Vierte más merengue e intégralo poco a poco, con movimientos envolventes de abajo arriba, ayudándote con una lengua de silicona. Continúa hasta integrar todo el merengue.

Prepara una bandeja de horno muy bien forrada con papel vegetal, subiendo los bordes del papel hacia arriba. Vierte la masa y extiende cuidadosamente hasta cubrir toda la bandeja.

Precalienta el horno a 175 °C y hornea durante 15 minutos o hasta que esté tostado. Una vez listo, saca del horno y retira el bizcocho de la bandeja del horno. Tápalo por completo con un trapo ligeramente humedecido y enróllalo sobre sí mismo por el lado más corto. Deja enfriar una vez enrollado. Cuando esté frío, con mucho cuidado para que no se rompa, desenrolla y quita el trapo.

Ahora prepara el relleno. Mezcla muy bien todos los ingredientes hasta obtener una crema homogénea. Con mucho cuidado, reparte la crema sobre la plancha de bizcocho, dejando un extremo con 1 cm de bizcocho sin cubrir; será el cierre del rollo.

Enrolla siguiendo la misma dirección que cuando lo has sacado del horno y procura que quede bien apretado para que no queden huecos en el interior. Cierra, cubre con el mismo papel vegetal y refrigera unas horas para que coja consistencia. Una vez bien frío, córtalo en círculos de unos 3 cm de grosor y ponlos sobre una rejilla.

Finalmente, funde el chocolate ruby en el microondas a intervalos de tiempo cortos y a baja potencia, hasta que esté líquido, y baña los rollos de bizcocho uno a uno hasta que estén completamente cubiertos. Refrigera para que el chocolate se solidifique.

Consejos y extras

Guarda siempre en un recipiente hermético, para que no coja olores, y en la nevera, para que el chocolate no se derrita.

Puedes usar también chocolate con leche o chocolate negro.

Prueba a personalizarlos añadiendo al relleno un poco de canela, ralladura de naranja...

Valor nutricional aproximado por ración	
Valor energético	364,8 kcal
Grasa	33 g
Carbohidratos	13,2 g
Proteínas	4,5 g

Aperitivos y comidas para celebrar

Patés vegetales con nachos sin gluten

30 min / para 6 personas / sin gluten, vegana

¿Necesitas algo con lo que poder «arrasar» con este delicioso trío de patés vegetales? No te lo pienses más y anímate a preparar también los nachos. Les puedes poner queso fundido y guacamole por encima y disfrutar al más puro estilo Tex-Mex.

Nachos sin gluten

Ingredientes

60 g de harina de garbanzos

60 g de harina de trigo sarraceno

60 g de harina de almendras

60 g de agua

10 g de aceite de oliva virgen extra

½ cucharadita de sal

En un bol, mezcla todos los ingredientes hasta obtener una masa que se pueda estirar.

Ponla entre dos papeles vegetales, aplástala un poco con las manos y empieza a estirarla con un rodillo hasta dejarla lo más fina posible. Retira el papel superior y córtala en triángulos.

Separa los triángulos un poco, vigilando que no se rompan, y pásalos a la bandeja del horno.

En el horno precalentado a 175 ˚C, hornéalos durante 10 minutos o hasta que empiecen a dorarse los bordes. Saca y deja enfriar completamente.

Guarda en un recipiente hermético si no vas a consumirlos enseguida.

Patés vegetales

Ingredientes para el paté de tomate y anacardos

50 g de anacardos remojados 10 minutos en agua hirviendo

25 g de tomate triturado o pasta de tomate

50 g de tofu firme escurrido

10 g de hinojo fresco

una pizca de sal

1 cucharada de aceite de oliva virgen extra

30 ml de agua (o un poco más hasta conseguir la textura deseada)

Ingredientes para el paté de aceitunas

50 g de anacardos remojados 10 minutos en agua hirviendo

50 g de aceitunas verdes deshuesadas

½ cucharadita de albahaca seca

una pizca de sal

30 ml de agua (o un poco más hasta conseguir la textura deseada)

Ingredientes para el paté de zanahoria y curry

50 g de anacardos remojados 10 minutos en agua hirviendo

100 g de zanahoria cruda

70 g de garbanzos cocidos

½ cucharadita de curry en polvo

sal al gusto

10 g de aceite de oliva virgen extra

3 cucharadas de zumo de limón

30 ml de agua (o la necesaria para conseguir la textura de paté)

Tritura todos los ingredientes hasta obtener una crema sin grumos que puedas usar para untar o *dipear*.

Valor nutricional aproximado por ración			
Valor energético	Grasa	Carbohidratos	Proteínas
149,8 kcal	8,16 g	14,3 g	5,6 g

Hummus *delicious* con ajo asado y un toque picante

10 min / para 4 personas / sin gluten, vegana

Uno de mis aperitivos favoritos, pero con un toque diferente. Es de esas recetas «fondo de armario» para acudir a ella en cualquier momento. Es fácil y rápida de preparar, saludable y gusta a (casi) todos.

Ingredientes

3 dientes de ajo

350 g de garbanzos cocidos

1 cucharadita de pimentón picante

2 cucharadas de aceite de oliva virgen extra

1 cucharadita de sal

1 cucharada de zumo de limón

1 cucharada de tahine (pasta de sésamo tostado)

agua, cantidad al gusto

Asa los ajos durante 15 minutos a 200 °C.

En el vaso de la batidora, pon todos los ingredientes junto con dos cucharadas de agua. Tritura hasta obtener una crema espesa. Añade más agua en función de la textura que desees.

Consejos y extras

Para asar los ajos, lo que yo hago normalmente es asar una cabeza cuando horneo las verduras que consumiré durante la semana (en el *batch cooking*). Los ajos se conservan muy bien en la nevera y se pueden usar en cualquier momento para dar un toque delicioso a platos y salsas.

Conserva el hummus en un recipiente hermético y guárdalo refrigerado durante un máximo de 5 días.

Valor nutricional aproximado por ración			
Valor energético	Grasa	Carbohidratos	Proteínas
157,25 kcal	10 g	9,25 g	5,6 g

Medias lunas sin gluten con 3 ingredientes

30 min / para 6 medias lunas tamaño mini / sin gluten, vegetariana

Esta receta se la dedico especialmente a la niña que llevo dentro y a todos los sándwiches de Nutella® que me zampé en las fiestas del colegio. Estas medias lunas no tienen nada que envidiarles.

Ingredientes para las medias lunas

145 g de huevo (2 huevos XL)

10 g de levadura química

90 g de leche en polvo

una pizca de sal (opcional)

Ingredientes para la salsa

100 g de yogur natural o de soja

40 g de tahine blanco

2 cucharadas de AOVE

una pizca de canela y otra de cardamomo molido

1 cucharada de zumo de limón

¼ de cucharadita de sal

Ingredientes para el relleno

un puñado de espinacas baby

4-5 fresas naturales

80 g aprox. de queso fresco

aceite de oliva virgen extra

1 cucharadita de albahaca seca

Valor nutricional aproximado por ración	
Valor energético	110 kcal
Grasa	3,5 g
Carbohidratos	9,7 g
Proteínas	9,3 g

Prepara primero las medias lunas: bate el huevo, mézclalo con la levadura y luego integra la leche en polvo. Remueve hasta obtener una masa pegajosa.

Introduce la masa en una manga pastelera y haz 6 montoncitos sobre una bandeja de horno forrada con papel vegetal. Engrásate las manos con aceite y pasa la mano sobre cada montoncito para alisarlo y darle brillo.

Hornea 15 minutos en el horno precalentado a 180 ˚C. Saca y deja enfriar a temperatura ambiente.

Para hacer la salsa, mezcla todos los ingredientes hasta que esté homogénea. Reparte una cucharada de salsa sobre la mitad inferior de cada media luna.

Luego, rellena con hojas de espinaca, una fresa laminada y un trocito de queso fresco.

Aliña con un poco de aceite de oliva y albahaca seca.

Consejos y extras

Para una versión un poco más vegana, puedes reemplazar la leche por leche de coco en polvo.

Las medias lunas están deliciosas recién hechas. Si te las vas a tomar al día siguiente, guárdalas bien envueltas y dóralas antes de comerlas. También admiten congelación.

Quesito vegano con pulpa de almendras

10 min + reposo / un quesito de 200 g / sin gluten, vegana

Ya lo decía mi madre: «¡Aquí no se tira nada!». Y es que hasta la pulpa de la bebida de almendras está rica y es aprovechable. En la cocina, todo es cuestión de imaginación.

Ingredientes

100 g de pulpa de almendras
resultante de hacer bebida
vegetal, bien escurrida
y aireada

15 g de levadura nutricional

½ cucharadita de ajo en polvo

½ cucharadita de cebolla
en polvo

1 cucharada de zumo de limón

1 cucharada de aceite de oliva
virgen extra

sal al gusto

1 cucharadita de pasta de miso
(opcional)

En un bol, mezcla todos los ingredientes hasta obtener una masa completamente homogénea.

Pásala a un molde o bol redondo y forrado con film transparente, y presiona para darle forma. Cierra el film y refrigera.

Una vez que se haya endurecido, saca del molde y sirve.

Consejos y extras

Puedes ponerlo en ensaladas, untarlo en tostadas o acompañarlo con frutos secos, fruta fresca u otros quesos sobre una tabla.

Valor nutricional aproximado por quesito entero			
Valor energético	Grasa	Carbohidratos	Proteínas
743 kcal	63,5 g	26,8 g	28,9 g

Queso cheddar vegano con *crackers* caseros de tomate y aceitunas

10 min el queso + 10 min los crackers / para 6-8 personas / opción sin gluten, vegana

Hace años que preparo tanto el queso como los crackers, y he visto versiones de ambos por doquier. Pero ninguna me ha convencido tanto como esta. Pruébala y luego me cuentas.

Queso cheddar vegano

Ingredientes

200 g de patata asada

200 g de boniato asado
(también puede ser zanahoria
o calabaza)

30 g de levadura nutricional

10 g de ajo en polvo

1 cucharadita de pimentón
(si eres de emociones fuertes,
usa pimentón picante)

2 cucharaditas de zumo
de limón

sal al gusto

20 g de aceite de oliva virgen
extra

70 g de agua

Pon todos los ingredientes en un procesador de alimentos potente y tritura hasta obtener una mezcla homogénea y untable.

Consejos y extras

Si usas calabaza en vez de boniato, reduce un poco la cantidad de agua de la receta, ya que la calabaza contiene más agua y quedará menos espeso.

Si lo guardas en la nevera, la textura cambia y se solidifica. Caliéntalo ligeramente y bátelo de nuevo para volver a tener una textura untuosa.

Guardarlo máximo 4 días en la nevera dentro de un tarro hermético.

Crackers caseros de tomate y aceitunas

Ingredientes

- 80 g de anacardos crudos (o 40 g de anacardos + 40 g de almendras)
- 10 g de semillas de chía
- 15 g de aceitunas negras de Aragón deshuesadas
- 3 g de escamas de sal
- 25 g de harina de garbanzos
- 25 g de harina de centeno integral, de espelta o de trigo sarraceno (opción sin gluten)
- 1 cucharadita de orégano seco
- 10 g de semillas de sésamo
- 70 ml de agua
- 30 ml de aceite de oliva virgen extra
- 30 g de tomates secos

Tritura muy bien los anacardos junto con las semillas de chía, las aceitunas y la sal. Cuando hayas obtenido unos grumos muy pequeños, añade las harinas, el orégano, el sésamo, los tomates secos, el agua y el aceite, y mezcla hasta que esté todo integrado.

Pon la mezcla sobre un papel vegetal y encima pon film transparente. Con el rodillo, estira la masa entre el papel vegetal y el film, para que no se pegue. Debes hacer un rectángulo del mismo tamaño que la bandeja del horno y lo más fino posible.

Una vez que esté bien estirada, retira el film transparente y pasa el papel vegetal con la masa encima a la bandeja del horno. Marca la forma que tendrán los *crackers* con la punta de un cuchillo.

Hornea durante 20 minutos (o hasta que veas que empiezan a dorarse) en el horno precalentado a 175 °C.

Consejos y extras

Los puedes guardar hasta dos semanas en un tarro de cristal con cierre hermético.

Valor nutricional aproximado por ración de *crackers* y queso			
Valor energético	Grasa	Carbohidratos	Proteínas
227,5 kcal	12,5 g	21,64 g	6,88 g

Pan naan con salsa *delicious* de yogur y cilantro

30 min + reposo / para 4 panes / sin gluten, vegetariana

«Dame pan y dime tonto…». Pues eso. Donde haya un buen pan con aceite, ya me has visto suficiente.

Ingredientes para el pan

250 g de harina de trigo sarraceno

10 g de aceite de oliva virgen extra

8 g de levadura química

240 g de yogur natural

3 g de sal

Ingredientes para la salsa

200 g de yogur griego

2 dátiles medjoul deshuesados (unos 30 g)

1 cucharada de jengibre fresco picado

10 hojas de cilantro fresco + un poquito más picado, para servir

Para hacer el pan, amasa todos los ingredientes de la lista juntos en un bol hasta obtener una masa homogénea. Tapa y deja reposar durante 30 minutos.

Pasado este tiempo, divide la masa en 4 porciones iguales. Estira cada una individualmente formando un pan plano alargado y ovalado.

En una sartén antiadherente a fuego medio, coloca un pan, deja que se tueste y dale la vuelta para que se cocine por el otro lado. Repite la misma operación con el resto de las porciones.

Para preparar la salsa, tritura todos los ingredientes en una picadora potente.

Sirve las porciones de pan calientes acompañadas de cilantro fresco y un poco de aceite, y la salsa de yogur en un bol aparte, también con un poquito de cilantro fresco picado.

> **Consejos y extras**
>
> Se pueden preparar con tiempo y calentarlos un poco antes de servir. También admiten congelación.

Valor nutricional aproximado por ración de pan con salsa			
Valor energético	Grasa	Carbohidratos	Proteínas
322,25 kcal	7,88 g	50,6 g	12,04 g

Quesadillas *veggies* o de salmón

30 min / para 2 personas (4 tortillas con 2 rellenos diferentes)

Dos tortillas, dos rellenos, dos mundos: el de quienes las comen con las manos y el de quienes usan cubiertos. No lo dudes, sea como sea, ¡te van a encantar! Puedes optar por comprar las tortillas ya hechas (integrales, de maíz o las tradicionales), o puedes decidir hacerlas en casa de forma muy sencilla.

Tortillas

Ingredientes

125 g de harina de espelta integral

1 cucharada de aceite de oliva virgen extra

½ cucharadita de sal en escamas

65 ml de agua templada

1 cucharadita de levadura química

En un bol, pon todos los ingredientes, remueve bien y amasa con las manos durante unos 5 minutos, hasta que obtengas una masa elástica a la que puedas dar forma.

Divídela en 4 porciones de unos 50 g cada una. Estira cada porción con un rodillo, dejándolas lo más finas posible, y de un diámetro aproximado de 22 cm.

Coge una tortilla y ponla en una sartén amplia, a fuego medio-alto, y deja que se cueza unos 4 minutos. Dale la vuelta y cuece un par de minutos más.

Haz la misma operación con las otras tres.

Si haces el relleno de salmón

Ingredientes

20 g de queso curado rallado

8 lonchas de mozzarella

½ manzana verde cortada en rodajas muy finas

4 lonchas de salmón ahumado

½ aguacate maduro

cilantro fresco

Añade la mitad de los dos quesos bien repartidos sobre una tortilla y ponla en una sartén a fuego medio para que se fundan.

Encima del queso, coloca los gajos de manzana verde y la mitad del salmón ahumado bien repartido.

Por otro lado, con un tenedor, chafa el aguacate hasta obtener un puré. Reparte la mitad del aguacate sobre otra tortilla. Con esta otra tortilla tapa la del salmón que tenemos en la

sartén, formando una especie de sándwich. Voltea con cuidado y deja que se dore por el otro lado.

Sácala y déjala en un plato, y repite la operación con la mitad de los ingredientes restantes para hacer la otra quesadilla.

Para servirlas, corta cada una en 4 porciones y espolvorea cilantro fresco por encima.

Si las haces *veggies*

Ingredientes para el pesto de espinacas

un puñado de espinacas frescas

30 g de queso parmesano

40-60 g de aceite de oliva virgen extra

30 g de almendras crudas

½ cucharadita de sal

Ingredientes para el relleno

8 lonchas de mozzarella

30 g de queso cheddar curado rallado

1 pepino cortado en rodajas muy finas

½ pimiento rojo cortado en tiras

½ cebolla

cilantro fresco

Primero prepara el pesto triturando todos los ingredientes hasta obtener una salsa emulsionada.

Pon una tortilla en una sartén a fuego medio con la mitad de los quesos por encima para que se fundan. Añade la otra mitad de los quesos sobre otra tortilla y ponla también al fuego para que se fundan. Reparte por encima de estas dos tortillas las verduras troceadas muy finas.

Unta de pesto las dos tortillas restantes. Con ellas cubre las quesadillas con las verduras y el queso fundido.

Dales la vuelta para que se tuesten por ambos lados, sácalas del fuego y colócalas sobre un plato. Espolvorea cilantro por encima y corta en 4 porciones cada quesadilla.

Valor nutricional aproximado por ración de quesadilla de salmón			
Valor energético	Grasa	Carbohidratos	Proteínas
516 kcal	25,25 g	50,4 g	21,41 g

Valor nutricional aproximado por ración de quesadilla *veggie*			
Valor energético	Grasa	Carbohidratos	Proteínas
612 kcal	31,84 g	46,77 g	31,66 g

Falafeles de coliflor con salsa de remolacha

30 min / para 12 unidades / sin gluten, vegana

El falafel tradicional es una elaboración típica de Oriente Medio, una especie de croqueta hecha con garbanzos crudos remojados y que, por lo general, se reboza y se fríe. Es habitual verlo como entrante, dentro de un pan de pita o acompañado de salsa de yogur. Pero si quieres darle la vuelta a esta receta, te animo a que la prepares de la forma que te propongo. ¡Quizá te sorprendas!

Ingredientes para los falafeles

200 g de garbanzos cocidos

especias para los garbanzos (curry, jengibre y ajo en polvo, comino, pimienta negra, orégano seco)

1 cucharada de aceite de oliva extra virgen

150 g de coliflor cruda

¼ de taza de cilantro fresco

¼ de taza de perejil fresco

¼ de cebolla

1 diente de ajo

10 g de harina de garbanzos o maicena

30 g de harina de avena sin gluten

1 cucharadita de escamas de sal

½ cucharadita de levadura

½ cucharadita de comino molido

Para preparar los garbanzos, ponlos en un bol con todas las especias: el curry, el ajo, el comino, la pimienta, el jengibre y el orégano. Puedes añadir las que más te gusten. Riega con un poco de aceite y remueve, masajeando los garbanzos para que se impregnen. Resérvalos mientras preparas el resto.

Lava y corta los tallos más grandes de la coliflor y limpia el cilantro y el perejil frescos.

Introduce ahora todos los ingredientes de los falafeles en el vaso de un procesador de alimentos y tritura durante unos segundos. Tienen que quedar pedacitos enteros y no una masa hecha puré.

Con las manos, ve formando 12 bolitas y aplástalas con la palma de la mano presionando levemente.

Dispón los falafeles sobre una bandeja de horno forrada con papel vegetal. Hornéalos en un horno precalentado a 180 °C durante 10-12 minutos. Dales la vuelta y hornea unos 12 minutos más.

Ingredientes para la salsa de remolacha

1 remolacha

½ cebolla

50 g de crema de soja (también puedes hacer la opción no vegana con nata)

una pizca de canela

½ cucharadita de sal

Para preparar la salsa, lava bien la remolacha y pélala. Haz lo mismo con la cebolla. Cuece la remolacha y la cebolla juntas en un cazo durante 10 minutos. Deja enfriar y tritura con el resto de los ingredientes en una batidora de mano hasta obtener una crema lisa. Sirve los falafeles acompañados de la salsa.

Valor nutricional aproximado por falafel sin salsa			
Valor energético	Grasa	Carbohidratos	Proteínas
38,8 kcal	1,55 g	4,85 g	1,35 g

Gajos de patatas especiadas con *dip* de curry

30 min / para 4 personas / sin gluten, vegetariana

La reina de la fiesta es siempre la patata. O el acompañamiento básico de cualquier segundo. Fáciles y recurrentes en la cocina, ¿verdad? Pero, en general, se preparan de manera que resultan poco sanas... ¡Olvídate de esto último! Las patatas son MUY sanas: al horno, cocidas, al vapor... Y para darles un twist, *aquí te dejo mi mejor versión.*

Ingredientes para los gajos

3 patatas medianas
(o 2 grandes)

½ cucharadita de pimentón
picante

½ cucharadita de romero seco

½ cucharadita de tomillo seco

½ cucharadita de cúrcuma

1 cucharadita de cebolla
en polvo

2 cucharadas de aceite de oliva
virgen extra

½ cucharadita de escamas
de sal

Ingredientes para el *dip* de curry

1 taza de yogur griego (puede ser
de soja - opción vegana)

1 cucharadita de curry en polvo

1 cucharadita de miel o 1 dátil
medjoul (puede ser sirope
de agave - opción vegana)

1 cucharada de jengibre fresco
rallado

Lava bien las patatas y ponlas, enteras y con piel, 3 minutos en el microondas a máxima potencia.

Saca y corta por la mitad, y cada mitad, en 3 o 4 gajos.

Coloca sobre una bandeja de horno forrada con papel vegetal y espolvorea con todas las especias por encima. Masajea un poco para repartir y que todas queden bien impregnadas.

En un horno precalentado a 190 °C, hornea durante 15 minutos. Pasado este tiempo, remueve un poco y hornea 10 minutos más.

Para la salsa de curry, mezcla y tritura todos los ingredientes y ponlos en un bol. Alrededor coloca las patatas una vez listas. Sirve de inmediato.

Valor nutricional aproximado por ración con salsa incluida			
Valor energético	Grasa	Carbohidratos	Proteínas
210,75 kcal	16,81 g	30,5 g	8,09 g

APERITIVOS Y COMIDAS PARA CELEBRAR

Wrap de remolacha con verduras

10 min / para 2 wraps / sin gluten, vegetariana

¡La comida entra por los ojos! Y cuantos más colores veas en el plato, más te va a apetecer. Llena tu cocina de arcoíris y disfruta en cada bocado.

Ingredientes para los wraps

70 g de remolacha cocida

30 g de harina de trigo sarraceno

30 g de agua

una pizca de sal

unas gotas de aceite de oliva virgen extra

Ingredientes para el relleno de verduras

1 zanahoria rallada

1 pepino cortado en láminas finas

½ pimiento rojo

½ aguacate machacado

unos cuantos germinados de soja

unas hojas de perejil fresco

un puñado de espinacas *baby*

20 g aprox. de queso feta

Para preparar los wraps, tritura la remolacha y mézclala con la harina, el agua y la sal. Tiene que quedar una textura más bien líquida, como la de las *crêpes*.

Engrasa una sartén de unos 24 cm de diámetro con unas gotas de aceite de oliva y calienta a fuego medio.

Vierte la mitad de la masa y extiéndela sobre toda la base de la sartén. Deja que cuaje durante unos 3-4 minutos. Cuando se despegue fácilmente y esté ligeramente tostada, dale la vuelta y deja 1 minuto más por el otro lado. Saca y pon sobre un plato, y haz lo mismo con la otra mitad de la masa.

Mientras se enfrían los wraps, trocea las verduras lo más finas posible y de forma alargada; así se podrán comer mejor los wraps y no se desmontarán al morderlos.

Machaca el aguacate y reparte entre los dos wraps. Luego reparte la zanahoria, el pepino y el pimiento troceados, y también los germinados, el perejil y las espinacas. Añade un poco de queso feta y cierra y enrolla cada wrap sobre sí mismo.

Presiona para que queden compactos, pero vigila que no se rompa la masa. Una vez cerrados, corta por la mitad con un cuchillo afilado y sirve.

Valor nutricional aproximado por ración			
Valor energético	Grasa	Carbohidratos	Proteínas
202 kcal	10,47g	23,48 g	5,95 g

Galette de tomates con romero

45 min / para 4-6 personas / opción sin gluten, vegetariana

A caballo entre una pizza y una tarta salada, la galette es originaria de Francia, uno de los países más importantes en el sector de la repostería. Y es que tradicionalmente es un postre. En Reyes es típica la «galette des rois», una tarta hojaldrada rellena de una mezcla de pasta de almendras y crema (frangipane), pero también puede ser de frutas frescas o incluso salada como esta.

Ingredientes para la galette

- 190 g de harina de espelta integral o de trigo sarraceno (opción sin gluten)
- ½ cucharadita de comino molido
- 1 cucharadita de orégano seco
- 1 cucharadita de sal
- 130 ml de agua (puede ser que necesites un poco más)
- 30 g de queso parmesano o pecorino romano
- 2 tomates grandes (o 4 pequeños)
- pimienta negra
- aceite de oliva virgen extra
- 20 g de cheddar curado
- una ramita de romero fresco

Mezcla la harina con el comino, el orégano, la sal y el agua. Remueve y amasa hasta poder formar una bola. Si es necesario, agrega un poquito más de agua. Tapa con un paño y deja reposar 10 minutos.

Con un rodillo, estira la masa sobre una superficie enharinada, formando un círculo de unos 5 mm de grosor. Con cuidado, pásalo a una bandeja de horno forrada con papel vegetal.

Reparte por encima una capa fina de parmesano o pecorino rallado. Al ser un queso más seco, te irá bien para que la masa no quede muy remojada por el jugo del tomate. Por encima del parmesano o pecorino, reparte los tomates cortados en rodajas, disponiéndolos como más te guste. Finalmente, espolvorea la pimienta, un poquito de aceite de oliva y el cheddar rallado.

Coloca la ramita de romero y, en el horno precalentado a 200 °C, cuece la galette durante unos 30 minutos o hasta que veas que los bordes están dorados y la parte inferior queda ligeramente crujiente. Saca del horno y sirve de inmediato.

Valor nutricional aproximado por ración			
Valor energético	Grasa	Carbohidratos	Proteínas
149 kcal	3,15 g	21,5 g	7,5 g

Sticks de garbanzo con guacamole

30 min / para 5 personas / sin gluten, vegana

Llaman la atención, sin lugar a duda, pero te prometo que son delicious. *Y qué decir del guacamole… ¡Lo más complicado es acertar con la madurez del aguacate!*

Ingredientes para los *sticks* de garbanzo

1 diente de ajo

aceite de oliva virgen extra

150 ml de bebida de soja

250 ml de agua

1 cucharadita de cúrcuma en polvo

½ cucharadita de comino molido

1 cucharadita de ajo en polvo

1 cucharadita de cebolla en polvo

½ cucharadita de pimentón picante

1 cucharadita de orégano seco

1 cucharadita de sal

una pizca de pimienta

120 g de harina de garbanzos

Ingredientes para el guacamole

2 aguacates maduros

1 tomate en rama

½ cebolla morada

sal al gusto

pimienta al gusto

1 cucharada de aceite de oliva

1 cucharada de cilantro fresco

Para preparar los *sticks*, pica el ajo muy fino y ponlo con una cucharada de aceite de oliva en una sartén. Dora y, en este punto, añade la bebida vegetal, el agua y las especias. Remueve y lleva a ebullición.

Cuando haya hervido un par de minutos, retira del fuego y mezcla con la harina de garbanzos. Remueve con unas varillas hasta conseguir una mezcla homogénea y pastosa.

Pasa la mezcla a un molde de turrón rectangular forrado con papel vegetal. Alisa la superficie con cuidado y deja enfriar.

Una vez enfriado, desmolda y corta en tiras de alrededor de 1 cm de grosor. Yo las corto finas y cuadraditas.

Ahora pon dos cucharadas de aceite en una sartén y saltea las tiras por los 4 lados hasta que estén doradas.

Para hacer el guacamole, tritura todos los ingredientes en un procesador de alimentos y sirve junto con los *sticks*.

Consejos y extras

Si prefieres un aperitivo más *light* y ahorrar tiempo, puedes hacer las tiras en el horno. Ponlas bien separadas en una bandeja forrada con papel vegetal, cuécelas 20 minutos a 190 ˚C y dales la vuelta a mitad de cocción.

Valor nutricional aproximado por ración de *sticks* sin guacamole			
Valor energético	Grasa	Carbohidratos	Proteínas
97,5 kcal	1,73 g	15,25 g	6,12 g

Pizzas con base crujiente de calabaza

45 min / para 4-6 personas / opción sin gluten, vegetariana

Seguro que muchos italianos se llevarán las manos a la cabeza. ¡Perdonadme! Pero puestos a inventar... ¡esta receta se merece un monumento!

Ingredientes para la base de las pizzas

300 g de calabaza cruda y pelada

1 cucharadita de orégano seco

sal al gusto

pimienta al gusto

80 g de copos de avena certificada sin gluten

1 cucharadita de aceite de oliva (y un poco más para pintar)

1 huevo mediano

Ingredientes para la cobertura de las pizzas

1 cucharada de salsa o pasta de tomate

40 g de queso parmesano u otro queso curado

aceitunas negras

1 mozzarella fresca

unos tomatitos cherry

orégano seco al gusto

Valor nutricional aproximado por ración	
Valor energético	166,2 kcal
Grasa	8,82 g
Carbohidratos	12,85 g
Proteínas	8,82 g

Precalienta el horno a 190 °C y, por otro lado, en un robot de cocina potente, pon la calabaza troceada, las especias y los copos de avena. Tritura hasta que la textura sea casi de puré. Añade ahora el aceite y el huevo, y remueve hasta que se integre.

Pinta dos papeles de horno con un poquito de aceite. Con la ayuda de una cuchara, reparte la masa de calabaza sobre los papeles formando 6 círculos de unos 15 cm de diámetro, si queremos hacer pizzas individuales, o 2 pizzas grandes si lo prefieres. Tienen que ser muy finas para que queden crujientes. Introduce en el horno durante 20 minutos.

Pasado este tiempo, saca las pizzas del horno, pasa un cuchillo entre la masa y el papel para despegarlas y dales la vuelta. Hornea por la otra cara unos 15 minutos más o hasta que veas que empiezan a dorarse los bordes. Procura que no se quemen, sobre todo cuando quede poco tiempo de cocción.

Retira las pizzas del horno y pon sobre cada una de ellas la salsa de tomate (yo prefiero usar pasta de tomate porque, al ser más concentrada y tener menos agua, no remoja la base de las pizzas y quedan crujientes). Sobre la salsa, reparte el queso curado, las aceitunas negras deshuesadas, la mozzarella bien escurrida, los tomatitos y el orégano.

Introduce de nuevo en el horno, esta vez a 220 °C, para que el queso se funda, y sirve de inmediato.

APERITIVOS Y COMIDAS PARA CELEBRAR

Comidas

Chana masala *delicious*

35 min / para 2 personas / sin gluten, vegana

Uno de los platos más conocidos del norte de la India es este completo y suculento «potaje» de garbanzos especiado. Digo «potaje» porque a simple vista podría recordarnos al típico guiso que hemos visto tantísimas veces en nuestra casa, pero ¡nada más lejos! Con un toque cítrico y picante, estas legumbres son una auténtica delicia. Si quieres viajar con el paladar, esta es tu receta.

Ingredientes

2 cucharadas de aceite de oliva virgen extra

3 dientes de ajo

1 cebolla mediana

1 cucharada de jengibre fresco rallado

140 g de salsa de tomate casera o 100 g de pasta de tomate concentrado

1 cucharadita de comino molido

1 cucharadita de cúrcuma

1 cucharadita de garam masala[1]

1 cucharadita de semillas de cilantro

½ guindilla en trozos pequeños (si eres de picante, ponle 1 entera)

300 g de caldo de verduras o agua

400 g de garbanzos cocidos

sal al gusto

pimienta negra al gusto

cilantro fresco picado para servir

Pon un par de cucharadas de aceite de oliva, pica el ajo y la cebolla muy finos, y sofríe durante un par de minutos.

Añade el jengibre fresco y el tomate, remueve y sofríe un par de minutos más.

Agrega las especias y la guindilla, y vierte también la mitad del caldo. Baja a fuego medio y deja cocer unos 15 minutos.

Pasado este tiempo, añade los garbanzos cocidos, salpimienta y vierte el resto del caldo (puede que no sea necesario añadirlo todo). Deja cocer 10 minutos más.

Sirve de inmediato, espolvorea cilantro fresco picado por encima y acompáñalo de arroz hervido.

[1] El garam masala es una mezcla de especias originaria de la India, igual que el curry. Se puede encontrar en la mayoría de las tiendas de alimentación (o en las especializadas, seguro) y también puedes elaborarlo en casa combinando comino, clavo de olor, semillas de cilantro, nuez moscada, pimienta y cardamomo molidos (si bien es cierto que los ingredientes varían según la región).

Valor nutricional aproximado por ración			
Valor energético	Grasa	Carbohidratos	Proteínas
411 kcal	19,63 g	44,35 g	13,76 g

Calabaza asada
con burrata y pesto de cilantro

30 min + cocción / para 2 personas / sin gluten, vegetariana

Tengo debilidad por algunos ingredientes y la burrata es, ¡sin duda!, uno de ellos. Poco tratamiento y los aderezos justos para que destaque en todo su esplendor.

Ingredientes para la calabaza

1 calabaza entera

1 burrata de Apulia

brotes germinados de cebolla al gusto

Ingredientes para el pesto de cilantro

un puñado de cilantro fresco

½ taza de anacardos crudos o cualquier otro fruto seco

1 diente de ajo

3 cucharadas de aceite de oliva virgen extra

1 rodaja pequeña de jengibre fresco pelado

1 cucharada de levadura nutricional

una pizca de sal

agua al gusto

Corta la calabaza en rodajas, retira las semillas, coloca los trozos en una bandeja de horno forrada con papel vegetal y hornea a 200 ˚C durante 30 minutos. Saca del horno y retira la piel con cuidado.

Para preparar el pesto, tritura todos los ingredientes y añade poco a poco el agua necesaria para obtener la textura deseada. Vierte en un tarro de cristal y reserva.

Emplata poniendo las rodajas de calabaza alrededor del plato y, en el centro, pon unos brotes germinados de cebolla y coloca la burrata encima.

Finalmente, añade cucharadas de pesto por encima.

Valor nutricional aproximado por ración			
Valor energético	Grasa	Carbohidratos	Proteínas
246 kcal	18,93 g	7,35 g	12,62 g

Pizza de brócoli y queso vegano

30 min / para 2 personas / sin gluten, vegetariana con opción vegana

Disfruta de esta pizza en cualquier momento y de cualquier forma, sin remordimientos. Y, además, ¡comiendo brócoli! (que ya sabemos que no es el mejor amigo de muchos...)

Ingredientes para la pizza

200 g de brócoli
  (puede ser coliflor)

30 g de parmesano rallado

20 g de mozzarella rallada

1 huevo mediano

sal al gusto

pimienta al gusto

(opcional: la misma cantidad
  de queso —50 g—, pero
  vegano casero*)

Ingredientes si quieres hacer la opción con queso vegano

200 ml de caldo de verduras
  o agua

1 cucharadita de agar-agar

150 g de anacardos remojados,
  pesados en seco

150 ml de agua

20 g de zumo de limón

10 g de aceite de coco

30 g de tahine

40 g de boniato cocido
  (o calabaza, o zanahorias)

3 g de sal

¼ de cucharadita de pimentón
  picante

30 g de levadura nutricional

3 g de ajo en polvo

Empieza preparando el queso vegano. Por un lado, pon el caldo (o agua) en un bol junto con el agar-agar y calienta durante unos minutos en el microondas. Deja que hierva al menos un minuto. Por otro lado, pon el resto de los ingredientes en el vaso de la procesadora de alimentos y tritura hasta obtener una textura fina y homogénea.

Añade el caldo con el agar-agar a esta mezcla del vaso y vuelve a picar hasta que esté todo bien integrado. Vierte en un bol y refrigera durante 4 horas. Transcurrido este tiempo, pasa un cuchillo por los bordes del bol para poder desmoldar el queso y voltéalo sobre un plato.

A continuación, para hacer la pizza, ralla el brócoli en crudo y extiéndelo sobre una bandeja de horno forrada con papel vegetal y engrasada con un poco de aceite de oliva. (Si usas coliflor, asegúrate de escurrirla bien para que no tenga agua.) Una vez bien extendido, hornea durante 20 minutos en el horno precalentado a 200 ˚C. Saca del horno y pasa a un bol.

Añade en el bol los dos quesos (o el queso vegano previamente rallado) y el huevo, salpimienta, y mezcla hasta obtener una textura homogénea.

Ingredientes para el *topping*

queso al gusto

tomates cherry

aceitunas negras

una pizca de orégano

una pizca de perejil

Con la ayuda de un rodillo, estira la masa entre dos papeles vegetales engrasados con aceite. Deja la masa lo más fina posible, retira el papel de la parte superior y hornea de nuevo durante 20 minutos más a 200 °C. Saca del horno, cubre con tus *toppings* favoritos y vuelve a hornear en la opción grill hasta que el queso se gratine.

Consejos y extras

Una vez desmoldado, el queso ya se puede cortar. Puedes guardarlo hasta 2 semanas en un recipiente hermético. También lo puedes rallar, desmenuzar y fundir.

Valor nutricional aproximado por ración sin *toppings*			
Valor energético	Grasa	Carbohidratos	Proteínas
159 kcal	8,9 g	7,82 g	13,26 g

Gofres de tortilla con verduras

25 min / 4 gofres / sin gluten, vegetariana

Soy muy fan de dar la vuelta a la tortilla. O de hacerla en forma de gofre. Con esta receta camuflas las verduras y todo el mundo se animará a comerlas.

Ingredientes para los gofres

1 cucharadita de aceite de oliva virgen extra

25 g de berenjena

25 g de cebolla

25 g de setas

25 g de pimiento rojo

3 huevos grandes

70 g de mozzarella rallada

sal al gusto

pimienta negra al gusto

Ingredientes para acompañar

1 tomate

1 aguacate

canónigos

semillas de cáñamo

En una sartén, pon una cucharadita de aceite de oliva y saltea la berenjena, la cebolla y las setas, todo troceado muy pequeño, durante unos minutos, hasta que estén doradas y tiernas. Pásalo a un bol y añade el pimiento rojo cortado en cubos pequeños.

Rompe y añade los huevos, luego mezcla con la mozzarella y salpimienta al gusto. Bate toda la mezcla hasta que esté bien combinada.

Calienta la gofrera y engrásala ligeramente. A continuación, vierte la mitad de la mezcla (si los hacemos de dos en dos) o toda entera (si tenemos una gofrera de cuatro unidades). Deja cocinar durante unos 5 minutos o hasta que empiece a dorarse.

Retira y sirve con los ingredientes de acompañamiento.

Valor nutricional aproximado por gofre sin acompañamiento			
Valor energético	Grasa	Carbohidratos	Proteínas
277 kcal	19,39 g	5,16 g	20,02 g

Gofres caprese

30 min / 2 gofres / sin gluten (si usas copos de avena certificados sin gluten), vegetariana

Por si te aburres de la clásica ensalada italiana. Esta receta sigue siendo sencilla, pero muy atractiva con esta presentación.

Ingredientes para los gofres

55 g de copos de avena integrales

1 huevo mediano

20 g de mantequilla
de cacahuete

1 cucharadita de bicarbonato

1 cucharadita de vinagre
de manzana

una pizca de sal

80 ml de leche de soja

un puñado de espinacas frescas

Ingredientes para
el acompañamiento

2 lonchas de queso mozzarella

1 tomate kumato

1 aguacate

escamas de sal ahumada
al gusto

pimienta negra al gusto

aceite de oliva virgen extra
al gusto

hojas de albahaca fresca

Valor nutricional aproximado por ración	
Valor energético	198 kcal
Grasa	9,63 g
Carbohidratos	15,51 g
Proteínas	10,39 g

En el vaso de la batidora, tritura los copos de avena junto con el huevo, la mantequilla, el bicarbonato, el vinagre, la sal, la leche de soja y las espinacas hasta obtener una mezcla más o menos homogénea.

Introduce la mitad de la masa* en la gofrera y cuece durante unos minutos sin que llegue a tostarse. Abre la gofrera, pon una loncha de mozzarella encima y deja que se funda el queso con la gofrera abierta.

Retira el gofre y repite la misma operación con el resto de la masa.

Una vez listos los gofres, corta el tomate y el aguacate en rodajas y reparte por encima.

Finalmente, espolvorea sal ahumada y pimienta, aliña con un poquito de aceite de oliva virgen extra y añade hojas de albahaca.

Consejos y extras

*El número de gofres variará según el tamaño de la gofrera que tengas. La mía es grande y, con estas cantidades, salen dos gofres bien hermosos.

Si no tienes gofrera, puedes preparar la misma receta, pero haciendo *crêpes* en una sartén. Enróllalas y guárdalas en la nevera, y te las puedes llevar de tentempié a cualquier sitio.

Crema de coliflor con tofu *crunchy*, nueces pacanas y cilantro

40 min / para 4 personas / sin gluten, opción vegana

Que no te engañen ni su olor pestilente al cocerla ni su aspecto de cerebro sin ideas. El «aroma» tan poco apetecible de la coliflor se debe a los compuestos beneficiosos del azufre, que nos ayudan a disminuir el riesgo de padecer enfermedades degenerativas, cardiovasculares e incluso algunos tipos de cáncer. ¡Te va a fascinar la coliflor enmascarada en esta crema con los toppings *que te propongo!*

Ingredientes para el *topping* de tofu *crunchy*

- 1 bloque de tofu firme (unos 250 g, y si es ahumado, mejor)
- 60 ml de salsa de soja
- 1 cucharada de sirope de agave o caramelo de dátiles
- ½ cucharadita de pimentón ahumado
- 1 cucharada de vinagre de manzana
- ½ cucharadita de ajo en polvo
- ½ cucharadita de cebolla en polvo
- 2 cucharadas de aceite de oliva virgen extra
- 2 cucharaditas de pasta de tomate o salsa barbacoa
- agua

Primero prepara el tofu. Escurre muy bien el bloque sin romperlo. Presiónalo entre dos papeles absorbentes para que suelte el líquido. Luego, ponlo sobre una madera o tabla de cortar y haz tiras muy finas para que así después quede crujiente. Si no haces las tiras lo bastante finas, quedará gomoso. Una vez cortado, colócalo dentro de un recipiente (de cristal, preferiblemente).

En otro bol, mezcla todos los ingredientes del marinado. Remueve bien y viértelo sobre el tofu. Añade agua hasta cubrir por completo para que el tofu quede sumergido. Deja reposar en la nevera toda la noche o unas horas.

Si quieres agilizar este proceso, antes de verter la mezcla sobre el tofu, caliéntala en el microondas durante un minuto y entonces viértela. Luego cocina el tofu en una sartén, regándolo por encima con el marinado hasta que el líquido se absorba y se evapore.

Si no tienes prisa, una vez reposado en la nevera, cocina el tofu de la misma forma a fuego medio en una sartén y ve regando poco a poco con el marinado que ha sobrado hasta que se evapore y quede tostado y crujiente. Una vez listo el tofu de cualquiera de las dos maneras, resérvalo.

Ingredientes para la crema

2 dientes de ajo

1 cebolla pequeña

2 cucharadas de aceite de oliva virgen extra

750 g de coliflor

½ cucharadita de comino molido

sal en escamas al gusto

pimienta negra al gusto

600 ml de leche de soja (puede ser caldo de verdura, y la cantidad puede variar según la textura deseada)

35 g de parmesano rallado o 20 g de levadura nutricional

50 g de nueces pacanas

cilantro y perejil frescos

Para hacer la crema, pica los ajos y la cebolla, y dóralos en una sartén con aceite durante unos 4 minutos. A continuación, vierte la coliflor previamente troceada y lavada, y agrega el comino, la sal y la pimienta.

Da unas vueltas y añade la leche (o caldo). Deja cocer tapado unos 15 minutos a fuego medio y, pasado este tiempo, agrega el queso (o levadura) y las nueces.

Tritúralo todo en un procesador de alimentos hasta obtener una crema lisa y homogénea. Puedes añadir más leche o caldo si quieres una textura más cremosa. Rectifica de sal.

Reparte la crema en platos hondos y espolvorea por encima cilantro y perejil frescos picados y unas nueces partidas junto con unas tiras del tofu *crunchy*.

Consejos y extras

También se puede preparar el tofu macerado al horno. Una vez que haya reposado un mínimo de 8 horas, escúrrelo y ponlo sobre papel vegetal. Precaliente el horno y hornea a 180 °C hasta que esté crujiente.

Valor nutricional aproximado por ración sin los *toppings*			
Valor energético	Grasa	Carbohidratos	Proteínas
237 kcal	16,74 g	12,27 g	12,97 g

Crêpes de espinacas con mozzarella, tomate seco y rúcula, con mayonesa de aguacate

40 min / para 6 crêpes / sin gluten (si usas copos de avena certificados sin gluten), vegetariana

¡Todo al verde! Si te apetece algo diferente y llamativo, no dejes escapar estas suculentas crêpes versión Hulk. Estoy convencida de que no van a dejar a nadie indiferente.

Ingredientes para las *crêpes*

12 tomates deshidratados

2 mozzarellas frescas

35 g de copos de avena

35 g de espinacas frescas
(o 60 g de congeladas)

6 nueces

una pizca de sal

1 huevo mediano + 1 clara

100 g de leche de coco

aceite de oliva virgen extra

30 g de rúcula

Ingredientes para la mayonesa

100 g de aguacate
(½ aguacate aprox.)

35 g de aceite de oliva virgen
extra

¼ de cucharadita de sal
en escamas

½ cucharadita de mostaza
antigua

½ cucharada de zumo de limón

Hidrata los tomates en agua caliente y déjalos a un lado, corta las mozzarellas en rodajas y déjalas sobre papel absorbente.

En el vaso de la batidora, pon los copos de avena, las espinacas, las nueces, la sal, el huevo y la clara, y la leche de coco. Tritura hasta obtener una masa homogénea y sin grumos.

Engrasa ligeramente con dos gotas de aceite una sartén antiadherente y calienta a fuego medio. Vierte una pequeña cantidad de la masa y mueve la sartén para repartir uniformemente la mezcla formando un círculo de unos 12 cm de diámetro. Deja que se cuaje durante un par de minutos y da la vuelta con cuidado, ayudándote de una lengua de silicona. Deja cocer un minuto más y retira del fuego.

Haz lo mismo con el resto de la masa. Saldrán 6 *crêpes*.

Una vez listas, prepara la mayonesa de aguacate. Tritura todos los ingredientes en el procesador de alimentos hasta conseguir una textura fina y cremosa.

Extiende una cucharada de mayonesa sobre cada *crêpe*. Reparte la rúcula, la mozzarella en rodajas y los tomates escurridos y troceados por encima de cada *crêpe*. Cierra y sirve de inmediato.

Valor nutricional aproximado por ración			
Valor energético	Grasa	Carbohidratos	Proteínas
191 kcal	13,82 g	7,37 g	10,10 g

Socca o crêpes de garbanzos con *pulled chicken*

1 h 30 min + 7 h de cocción lenta / para 10 crêpes / sin gluten

Una de mis debilidades son las cenas de picoteo y las comidas Tex-Mex en las que cada uno se monta su plato o vas comiendo de lo que hay en el centro de la mesa. ¡Esta propuesta es genial para eso: coges tu crêpe *y le vas añadiendo lo que prefieras!*

Ingredientes para el pollo deshilachado o *pulled chicken*

2 pechugas de pollo

½ cucharada de ajo en polvo

½ cucharada de cebolla en polvo

½ cucharada de orégano seco

½ cucharadita de sal en escamas

1 cucharada de aceite de oliva virgen extra

½ cucharada de miel, sirope de agave o caramelo de dátiles

5 cucharadas de salsa de tomate o pasta de tomate

2 cucharadas de salsa Worcestershire

60 ml de agua o caldo

cilantro fresco y limón, para servir

Para la versión sin prisas del *pulled chicken*, mezcla todos los ingredientes del marinado en un bol, introduce las pechugas en una olla de cocción lenta y luego riega con la mezcla. Enciende la olla y cuece en *low* o baja temperatura durante 7 horas.

Si quieres un proceso más ágil, mezcla todos los ingredientes del marinado menos el agua (o caldo) y pincela las pechugas. Introdúcelas en una fuente y vierte la mezcla de salsa y especias sobre ellas. Hornea 30 minutos o hasta que estén ligeramente caramelizadas.

Tanto si cueces las pechugas de un modo como del otro, a continuación, hay que deshilacharlas con la ayuda de dos tenedores o con las manos. Mézclalas con la salsa sobrante y guárdalas en un recipiente hermético, preferiblemente de cristal, en la nevera durante 5 días o en el congelador hasta un máximo de 3 meses.

Ingredientes para la *socca* o *crêpes* de garbanzos veganas

155 g de harina de garbanzos

10 g de aceite de oliva virgen extra

5 g de sal en escamas

300 ml de agua

2 cucharadas de semillas de sésamo (opcional)

Ingredientes para la salsa de yogur

100 ml de yogur natural

1 diente de ajo pequeño

1 hoja de menta

1 cucharada de aceite de oliva

1 cucharada de zumo de limón

una pizca de sal

una pizca de pimienta negra

Para preparar las *crêpes*, pon en un bol todos los ingredientes y bate bien con unas varillas o batidora. Engrasa ligeramente una sartén con aceite y calienta a fuego medio. Vierte medio cucharón de la masa para que salgan *crêpes* de unos 8-10 cm de diámetro, cuece dos minutos por cada lado y retira del fuego. Repite la misma operación hasta terminar la mezcla y ve poniéndolas en un plato.

Por último, prepara la salsa de yogur batiendo todos los ingredientes de la lista hasta obtener una crema homogénea.

Para montar las *crêpes* o *socca*, pon dos cucharadas de *pulled chicken* dentro de cada *crêpe*, espolvorea cilantro fresco por encima y añade un poquito de salsa de yogur.

Valor nutricional aproximado por crêpe			
Valor energético	Grasa	Carbohidratos	Proteínas
187 kcal	8,50 g	11,12 g	15,76 g

Tomate hasselback con aliño picante y parmesano vegano

20 min / para 4 personas / sin gluten, vegetariana

Esta es una ensalada muy diferente y llamativa. Si presentas este plato en la mesa, tus comensales van a quedarse con la boca abierta.

Ingredientes para el aliño picante (no se usa toda la cantidad)

½ litro de aceite de oliva virgen extra

1 guindilla

Ingredientes para el parmesano vegano (no se usa toda la cantidad)

150 g de anacardos

30 g de semillas de cáñamo

30 g de levadura nutricional

½ cucharada de ajo en polvo

½ cucharada de cebolla en polvo

½ cucharadita de sal

Ingredientes para los tomates

4 tomates maduros

2 mozzarellas frescas

hojas de albahaca

Valor nutricional aproximado por ración	
Valor energético	250 kcal
Grasa	17,07 g
Carbohidratos	12,01 g
Proteínas	14,8 g

Empieza preparando el aliño picante. Para ello, pon el aceite de oliva en un cazo, agrega la guindilla y enciende el fuego. Hay que calentar el aceite ligeramente, sin que llegue a hervir en ningún momento. Tenlo unos 6 minutos a fuego bajo, retíralo y pásalo a una botella de cristal bien limpia, esterilizada (hervida unos minutos en agua) y seca.

Para hacer el parmesano, tritura todos los ingredientes en la picadora hasta obtener textura de arena. Luego guárdalo dentro de un bote de cristal con cierre hermético en la nevera.

Vamos con la preparación de los tomates. Lávalos y sécalos muy bien y, con un cuchillo afilado, córtalos en rodajas desde la parte superior sin llegar al final. Corta la mozzarella en rodajas, que introducirás en los cortes de los tomates alternándolas con hojas de albahaca fresca bien limpias.

Finalmente, riega con el aliño picante y espolvorea parmesano por encima. Sirve de inmediato.

Consejos y extras

El aceite picante dura 2 meses en perfectas condiciones en un sitio seco, fresco y sin luz directa.

El parmesano vegano se conserva refrigerado hasta 4 semanas en buen estado.

Crema de calabaza asada y jengibre con guisantes crocantes

40 min / para 2 personas / sin gluten, vegana

Una crema para todo el año. En verano la puedes disfrutar fresquita, y en invierno, bien caliente. Saludable y baja en calorías.

Ingredientes para la crema

500 g de calabaza

1 patata pequeña

15 g de jengibre fresco

¼ de cdta. de cúrcuma en polvo

¼ de cdta. de pimienta negra recién molida

una pizca de canela en polvo

200 g de leche de coco

200 g de caldo de verduras (o más leche)

unas gotas de aceite de oliva

sal al gusto

Ingredientes para los guisantes

un puñado de guisantes congelados

¼ de cdta. jengibre en polvo

¼ de cdta. de curry en polvo

¼ de cdta. pimentón ahumado

1 cdta. de AOVE

Ingredientes para el *topping* de calabaza picante

1 rodaja de calabaza asada

2 o 3 cucharadas de AOVE

¼ de guindilla

escamas de sal

Empieza asando la calabaza y la patata. Córtalas y ponlas en una fuente apta para horno. Cuece a 200 °C hasta que estén tiernas (el tiempo dependerá del tamaño que les hayas dado) y, una vez listas, retíralas.

Aprovecha el calor del horno para hacer los guisantes crocantes. En un bol, pon los guisantes, añade el resto de los ingredientes y remueve bien para que queden impregnados con las especias. Luego, ponlos en una bandeja e introdúcelos en el horno a 170 °C hasta que estén crujientes.

Pela la calabaza y la patata asadas (reserva una rodaja de calabaza para la decoración) y ponlas en la batidora junto con el jengibre rallado, las especias y la leche de coco. Tritura unos minutos y añade el caldo y el aceite de oliva hasta obtener la textura deseada. Rectifica de sal.

Para hacer el *topping* de calabaza, corta la rodaja que hemos reservado en cubos muy pequeños. En una sartén, pon el aceite de oliva virgen extra, añade la guindilla en rodajas y vierte los cubos de calabaza. Fríe hasta que estén dorados y retira del fuego. Sirve sobre la crema de calabaza y, por último, decora con los guisantes crocantes y espolvorea unas escamas de sal.

Valor nutricional aproximado por ración con *toppings*			
Valor energético	Grasa	Carbohidratos	Proteínas
327,5 kcal	15,6 g	44,51 g	7,15 g

Crema fría de remolacha con granola de quinoa

50 min / para 2 personas / sin gluten, vegetariana

Pocas recetas usan la remolacha como ingrediente principal a pesar de todo lo que nos aporta: es fuente de hierro, ácido fólico, fibra, antioxidantes, potasio… ¡Una gran aliada!

Ingredientes para la granola de quinoa (no se usa toda la cantidad)

75 g de quinoa cocida

15 g de semillas de sésamo

15 g de semillas de cáñamo

15 g de pistachos pelados

10 g de aceite de oliva virgen extra

¼ de cucharadita de escamas de sal

10 g de parmesano en polvo (o levadura nutricional)

5 g de ajo en polvo

Ingredientes para la crema

1 cebolla pequeña

1 nabo pequeño (o 1 patata)

1 cucharadita de sal

380 g de remolacha

1 trocito de 2 cm de jengibre fresco

2 cucharadas de AOVE

200 ml de caldo de verduras

sal al gusto

pimienta negra al gusto

dos rodajas de mozzarella fresca desmenuzada

Prepara primero la granola. En un bol, pon todos los ingredientes y mezcla hasta que estén totalmente combinados. Extiende sobre una bandeja de horno forrada con papel vegetal y hornea durante 15 minutos en el horno precalentado a 180 °C. Ve removiendo de vez en cuando para que se dore de manera homogénea. Saca del horno, deja enfriar y guarda en un bote de cristal hermético.

Para hacer la crema de remolacha, hierve la cebolla pelada y el nabo (o patata) hasta que estén tiernos en un cazo con agua y una cucharadita de sal. Cuanto más pequeños se hayan cortado, más rápido se harán.

Aparte, hierve también la remolacha hasta que esté tierna, unos 15-20 minutos aproximadamente. Luego, pélala con cuidado y ponla en el vaso de la trituradora junto con la cebolla y el nabo cocidos.

Agrega el jengibre, el aceite, el caldo y salpimienta. Tritura hasta obtener una textura lisa y homogénea.

Sirve y decora con la mozzarella desmigada y la granola que has preparado antes.

Valor nutricional aproximado por ración con el *topping* de granola (y sin *topping*)			
Valor energético	Grasa	Carbohidratos	Proteínas
330 kcal (293 kcal)	22,01 g (20,02 g)	21,38 g (18,11 g)	12,55 g (10,69 g)

Curry ramen *veggie* al estilo *delicious* con *noodles* de arroz

30 min + reposo / para 2 personas / sin gluten, vegana*

El ramen es un plato llegado de Asia del que existen innumerables versiones. Lo que sí sabemos es que es un plato de sopa con fideos y otros extras que lo acompañan y que varían según el cocinero.

Generalmente, los fideos de ramen son redondos, finos y alargados, y están hechos de trigo. El plato de ramen que te presento a continuación, en cambio, está elaborado con fideos de arroz planos, casi transparentes y sin gluten. El caldo que habitualmente se usa para preparar la sopa es de cerdo o pollo, aunque también puede ser vegetal con miso, soja o con curry y bebida vegetal, como verás en esta receta. Los acompañamientos acostumbran a ser algas, setas, huevo marinado, kimchi, brotes variados, carne (el tocino es la estrella) y esa pieza que parece goma: una espiral blanca y rosada que se coloca justo en el centro, una especie de surimi. Como no se suelen tener estos ingredientes en casa, mi curry ramen lleva ingredientes que encontrarás, espero, con más facilidad. Probablemente en Japón me matarían por ello, pero la cocina no es más que creatividad en estado puro.

Ingredientes

2 huevos

2 cdas. de salsa tamari (o de soja)

una pizca de sal

100 g de *noodles* de arroz

1 cucharada de AOVE

2 dientes de ajo picados

1 cucharadita de jengibre fresco

1 cucharada de pasta de curry**

200 g de setas variadas congeladas

180 g de heura, seitán o tofu

300 ml de bebida de coco

400 ml de caldo de verduras

45 g de edamames pelados (o guisantes)

1 alga nori troceada

Pon a hervir abundante agua en un cazo pequeño. Cuando rompa el hervor, introduce los huevos y cuécelos 6 minutos exactos. Sácalos del agua y sumérgelos en un bol con agua con hielo. Una vez enfriados, pélalos con cuidado y déjalos en un bol cubiertos de agua con salsa tamari durante 3 horas (mínimo) en la nevera.

Por otro lado, en una cazuela pon agua abundante con sal y lleva a ebullición. Cuece los *noodles* según las indicaciones del paquete, escurre, lava con agua fría y reserva.

En la misma cazuela, añade el aceite y saltea el ajo picado junto con el jengibre pelado y rallado muy fino. Sofríe hasta que el ajo esté dorado y agrega entonces la cucharada de curry. Remueve un par de minutos para después añadir las setas congeladas y el tofu (o seitán, o heura). Saltea hasta que

las setas estén cocidas. Incorpora ahora la bebida vegetal, el caldo y los edamames. Deja cocer 10 minutos.

Finalmente, introduce los *noodles* cocidos en la sopa, remueve para que se calienten y sirve con el huevo partido y el alga nori.

Consejos y extras

*Si se elabora el plato con seitán, la receta no será libre de gluten.

**La pasta de curry no es lo mismo que el curry en polvo. El curry molido que solemos tener en el especiero es una mezcla de especias entre las que hay pimienta, comino, cúrcuma... La pasta de curry, en cambio, es la que se usa para la elaboración expresa del plato que recibe el mismo nombre y es picante. Si no dispones de ella, puedes arreglar el plato usando una cucharada de curry en polvo.

Valor nutricional aproximado por ración			
Valor energético	Grasa	Carbohidratos	Proteínas
263 kcal	9,79 g	9,74 g	28,83 g

Lentejas estilo *moroccan* acompañadas de arroz, anacardos y pasas

30 min / para 2 personas / sin gluten, vegana

Si quieres las pruebas y si no… ¡las devorarás! Están absolutamente deliciosas. ¡Yo que tú no me olvidaría del pan!

Ingredientes para las lentejas

½ cebolla

4 dientes de ajo

2 cucharadas de aceite de oliva virgen extra

400 g de lentejas cocidas

1 cucharada de jengibre fresco rallado

350 g de tomate triturado

100 g de pimiento rojo triturado

1 cucharadita de pimentón picante

½ cucharadita de cúrcuma molida

½ cucharadita de comino en polvo

pimienta negra al gusto

sal al gusto

cilantro fresco, para servir

Ingredientes para acompañar

150 g de arroz integral

2 cucharadas de anacardos tostados

2 cucharadas de pasas

aceite de oliva virgen extra

Pica la cebolla y los ajos, y sofríelos en una sartén con aceite durante unos 8 minutos o hasta que el ajo esté dorado y la cebolla empiece a transparentar.

Vierte las lentejas ya cocidas y el jengibre, y remueve. Saltea unos 6 minutos.

Añade el tomate y el pimiento, previamente hechos puré (es decir, triturados conjuntamente), y las especias: el pimentón, la cúrcuma, el comino, la pimienta y también la sal. Remueve para que todos los sabores se integren y cocina a fuego medio durante 10 minutos.

Paralelamente, cuece el arroz integral hasta que esté tierno, escúrrelo y reserva.

En una sartén, dora los anacardos ligeramente, intégralos con el arroz y añade las pasas y un pelín de aceite de oliva. Remuévelo todo.

Sirve las lentejas especiadas junto con el arroz y espolvorea un poco de cilantro fresco picado por encima.

Valor nutricional aproximado por ración con el acompañamiento (y sin acompañamiento):			
Valor energético	Grasa	Carbohidratos	Proteínas
490 kcal (356 kcal)	17,95 g (14,4 g)	61,59 g (39,28 g)	18,59 g (15,4 g)

Curry de verduras y tofu sin pretensiones

30 min / para 2 personas / sin gluten, vegana

¡Curry de verdad! Los polvos de curry que encontramos junto a las especias en el supermercado no son lo tradicional. El curry es una pasta picante hecha a partir de especias y hierbas, típica de la cocina tailandesa, donde se usa como condimento del plato con el mismo nombre. Es decir, hay curry de berenjenas, de garbanzos… Actualmente, en tiendas especializadas es fácil de encontrar. Te recomiendo que compres curry verde o amarillo y que solo te atrevas con el rojo si eres muy fan del picante.

Ingredientes

- 2 cucharadas de aceite de oliva virgen extra
- 1 diente de ajo
- ½ cebolla
- ½ calabacín
- 400 g de tofu (si te decantas por la opción no vegana, puede ser pollo, pavo...)
- 12 espárragos trigueros
- ½ brócoli pequeño
- 1 cucharada de pasta de curry verde
- 1 cucharada de curry en polvo
- ¼ de cucharadita de jengibre molido
- una pizca de canela
- 400 ml de leche de coco
- 100 ml de agua
- sal al gusto
- semillas de sésamo, cacahuetes crudos y cilantro fresco para servir

Pon dos cucharadas de aceite en una sartén y calienta a fuego medio. Pica el ajo y la cebolla muy finos, añádelos a la sartén y dora durante 5 minutos.

Mientras se doran, por otro lado, trocea el calabacín, el tofu y los espárragos previamente lavados. Deja los arbolitos de brócoli para el final, pero también lavados y en trozos pequeños.

Cuando la cebolla empiece a transparentar, agrega la pasta de curry, remueve y saltea un par de minutos. Ahora, agrega a la sartén el calabacín, los trigueros y las especias. Dora durante unos 10 minutos y seguidamente añade la leche de coco y el agua. Por último, el tofu y el brócoli. Cuece durante unos 15 minutos o hasta que la salsa se reduzca a la mitad.

Rectifica de sal y espolvorea las semillas de sésamo, los cacahuetes y el cilantro fresco por encima. Sirve de inmediato.

Valor nutricional aproximado por ración			
Valor energético	Grasa	Carbohidratos	Proteínas
785 kcal	62,66 g	27,6 g	32,16 g

COMIDAS

Macarrones con salsa cremosa de pocos ingredientes

30 min / para 2 personas / sin gluten, vegana

Ya sabes que yo empiezo la semana con un buen plato de pasta y mis Delicious Mondays*… ¡Y este es uno de los mejores que he hecho nunca!*

Ingredientes

150 g de macarrones integrales

100 g de tomate entero (aprox. 2 tomates)

155 g de anacardos

100 g de tomate frito (o tomate natural triturado)

sal al gusto

pimienta negra al gusto

una pizca de orégano seco

Cuece la pasta siguiendo las indicaciones del paquete para que esté al dente. Reserva.

En una batidora, tritura los tomates enteros y los anacardos hasta obtener una crema. Agrega el tomate frito o natural triturado. Vierte en una sartén y calienta unos 5 minutos. Salpimienta y añade el orégano.

Mezcla con los macarrones y sirve.

Valor nutricional aproximado por ración			
Valor energético	Grasa	Carbohidratos	Proteínas
744 kcal	34,72 g	80,07 g	25,13 g

Zoodles de calabacín y pepino con setas silvestres y salsa de cacahuete

30 min / para 2 personas / sin gluten, vegana

¡La manera de comer verdura más divertida y sin soserías!

Ingredientes para los *zoodles*

1 pepino

1 calabacín

aceite de oliva virgen extra, para saltear

2 dientes de ajo

300 g de setas silvestres (pueden ser congeladas)

sal al gusto

pimienta al gusto

Ingredientes para la salsa de cacahuete

1 diente de ajo

60 g de mantequilla de cacahuete

15 g de salsa de soja

60 g de bebida de coco (u otra bebida vegetal)

una pizca de chile en copos (opcional)

Pela el pepino y lava muy bien la piel del calabacín. Usa una máquina o el típico *gadget* de cocina para hacer espirales de ambas verduras. Puedes hacerlo a cuchillo cortando tiras longitudinales lo más finas posible. Reserva la verdura cortada.

En una sartén, pon un poco de aceite y saltea los ajos hasta que estén dorados. Añade las setas y cocina durante unos 8 minutos. Agrega sal y pimienta.

Pon la verdura en dos platos y reparte las setas por encima.

Para hacer la salsa, pica el ajo muy fino y ponlo en un bol con el resto de los ingredientes. Bate hasta que quede completamente homogéneo y emulsione.

Sirve la salsa al lado de cada plato para que cada comensal aderece a su gusto.

Valor nutricional aproximado por ración con salsa (y sin salsa)			
Valor energético	Grasa	Carbohidratos	Proteínas
279 kcal (91 kcal)	19,33 g (5,25 g)	13,18 g (7,55 g)	15,03 g (5 g)

Ensalada sencilla de tomate con sésamo y alioli vegano

25 min / para 2 personas / sin gluten, vegana

Tenemos metido en la cabeza que las ensaladas son esos platos aburridos repletos de lechuga y algunos tropezones. ¡Pues no! Una ensalada puede ser divertida, sabrosa y nutritiva.

Ingredientes para la ensalada

150 g de tomates cherry

1 tomate amarillo

1 tomate naranja

1 tomate rojo

2 hojas de menta fresca

2 hojas de perejil fresco

1 cucharada de semillas de sésamo

Ingredientes para el alioli (no se usa toda la cantidad)

1 diente de ajo pequeño

½ cucharadita de café de sal

1 cucharada de zumo de limón

90 g de aceite de oliva virgen extra

40 g de leche de coco a temperatura ambiente

5 g de levadura nutricional

Lava bien todos los tomates y sécalos con un paño.

Pon los tomates cherry sobre un plato apto para el microondas y cocínalos en la opción grill durante unos 7 minutos o hasta que veas que están tiernos. Sácalos y deja enfriar.

Trocea en cuartos los otros tomates y repártelos en los dos boles en los que servirás. Distribuye por encima los cherry asados.

En el vaso de la batidora, pon todos los ingredientes para hacer el alioli a temperatura ambiente. Bate sin levantar la túrmix en ningún momento hasta que empiece a espesar. Quedará una salsa cremosa, pero no demasiado consistente. Si la quieres más densa, añade aceite de oliva. Cuando obtengas una textura homogénea, reparte un poco sobre los tomates y el resto lo puedes poner en una salsera para que cada comensal se sirva más, al gusto.

Para terminar, pica la menta y el perejil a cuchillo y espolvorea por encima junto con las semillas de sésamo. Sirve de inmediato.

Valor nutricional aproximado por ración con alioli (y sin alioli)			
Valor energético	Grasa	Carbohidratos	Proteínas
152 kcal (64 kcal)	9,86 g (0,65 g)	15,29 g (14,03 g)	3,42 g (3,22 g)

Revuelto de tofu sin huevos

30 min / para 2 personas / sin gluten, vegana

Aunque parezca raro, seguro que te sorprende el resultado. Es ideal para la hora de comer o incluso para disfrutar de un tranquilo desayuno durante el fin de semana...

Ingredientes

- ½ cebolleta tierna
- 2 cucharadas de aceite de oliva virgen extra
- 300 g de tofu firme
- 100 g de leche de coco
- 20 g de mantequilla de anacardos
- 10 g de levadura nutricional
- ½ cucharadita de cúrcuma molida
- una pizca de pimienta
- sal negra del Himalaya al gusto

Lava la cebolleta y pícala pequeña. Ponla en una sartén amplia con el aceite y rehógala unos minutos hasta que empiece a transparentar. Luego, desmenuza el tofu con las manos y añádelo a la sartén.

Ahora vierte la leche de coco, la mantequilla de anacardos, la levadura nutricional y la cúrcuma, y salpimienta al gusto. Remueve para que todos los ingredientes queden bien integrados y deja cocer 5 minutos.

Cuando la leche de coco se haya evaporado ligeramente y tengas una mezcla cremosa, repártelo en dos platos.

Consejos y extras

Para hacer un plato completo, acompáñalo de boniato o patata asada, hojas verdes, tomate o alguna verdura como calabacín, espárragos... y tostadas.

Puedes prepararlo con antelación y calentarlo unos segundos antes de servir.

La cúrcuma apenas le aporta sabor, pero le da el color característico de los huevos revueltos. Además, es una especia excelente que hay que combinar con la pimienta para aprovechar todas sus propiedades.

Valor nutricional aproximado por ración	
Valor energético	393 kcal
Grasa	30,1 g
Carbohidratos	8,28 g
Proteínas	24,22 g

Canelones de setas y trufa con bechamel, sin gluten y sin lactosa

1 h 30 min + diferentes cocciones / para 12 canelones (unas 4 raciones) / opción sin gluten, vegana

En mi tierra, el día después de Navidad es tradición comer canelones. Antaño se hacían con los restos de cocido del día anterior, pero ahora lo normal es comprar los ingredientes a propósito para prepararlos. Es el caso de esta receta. Estos canelones son de setas y trufa, ¡y están para morir de amor!

Ingredientes para los canelones

2 cucharadas de aceite de oliva virgen extra

1 diente de ajo

½ cebolla morada

sal al gusto

pimienta negra al gusto

250 g de setas variadas (pueden ser congeladas)

1 cucharadita de trufa negra rallada (puede ser en conserva)

12 placas de canelones (compra placas especiales para la opción sin gluten)

En una sartén, pon el aceite y calienta. Pica el ajo y dóralo un minuto. Cuando empiece a coger un tono caramelo, añade la cebolla picada, remueve y salpimienta. Saltea hasta que la cebolla empiece a transparentar.

Paralelamente, pon en un cazo todos los ingredientes de la bechamel en frío. Bate bien hasta que quede todo integrado y sin grumos. Cuece a fuego medio, ve removiendo hasta que espese y aparta del fuego.

Vuelve a la sartén y cuando la cebolla esté transparente, añade las setas en trozos pequeños y cuece hasta que estén listas. En este punto, agrega ¾ partes de la bechamel y combínalo todo. Añade ahora la trufa, remueve y reserva para que pierda temperatura y coja consistencia.

En la superficie donde trabajas, pon las doce placas de canelones ya cocidas según las instrucciones que indique el paquete. Reparte la masa del relleno en cada una, situando la masa en un extremo para enrollar después el canelón sobre sí mismo.

Cuando estén todos los canelones llenos, ciérralos con cuidado, presionando y sellando bien, y deja la abertura mirando hacia abajo.

Ingredientes para la bechamel sin gluten ni lactosa

250 ml de bebida de soja o de almendras

15 g de maicena o harina de arrurruz

15 g de aceite de oliva virgen extra

sal al gusto

pimienta al gusto

una pizca de nuez moscada

Ingredientes para terminar

mozzarella rallada, para gratinar

una pizca de pimienta negra recién molida

tomillo fresco al gusto

Pon los canelones en una fuente apta para horno, espolvorea la mozzarella, la pimienta y el tomillo por encima, y gratina, justo antes de servir, a 225 °C en el grill del horno hasta que estén dorados.

Valor nutricional aproximado por ración			
Valor energético	Grasa	Carbohidratos	Proteínas
395,5 kcal	21,04 g	35,69 g	15,04 g

Ñoquis con salsa de leche de coco y tomate

1 hora / para 2 personas / sin gluten, vegetariana

Esta es una de mis recetas fetiche de los #DeliciousMondays y no podía ser que no la incluyera en mi libro. Si la pruebas, estoy convencida de que repetirás.

Ingredientes para los ñoquis

500 g de patata pelada

1 huevo mediano

sal y pimienta negra

100 g de harina de avena sin gluten + cantidad necesaria para trabajar la masa

Ingredientes para la salsa

2 dientes de ajo

½ cebolla

2 cucharadas de aceite de oliva virgen extra

40 g de tomates deshidratados

1 cucharada de tomate concentrado o salsa de tomate

400 ml de leche de coco

un puñado de espinacas frescas

3 cucharadas de queso parmesano al gusto

Empieza por los ñoquis. Cuece las patatas, déjalas enfriar y tritura con un tenedor hasta obtener un puré.

Pasa a la mesa de trabajo y forma un volcán. En el centro pon el resto de los ingredientes y amasa hasta tener una masa homogénea pero pegajosa.

Tienes que ir añadiendo más harina poco a poco mientras la trabajas, de tal modo que puedas formar una bola que no se pegue a las manos.

Agrega más o menos harina en función del tipo de harina que uses, del tamaño del huevo y de la patata y su cocción.

Cuando no se pegue, corta la masa en 4 porciones y haz un rulo largo con cada una de ellas. Este rulo debe tener unos 2 cm de ancho y ser muy largo. Corta cada uno de los cilindros en porciones de 3-4 cm para hacer los ñoquis.

Una vez cortados, dales forma redondeada con las manos y espolvoréalos con un poco más de harina para evitar que se peguen entre ellos. Reserva.

Para la salsa, pica el ajo y la cebolla bien pequeños. Pon dos cucharadas de aceite de oliva virgen extra en una sartén bien amplia y sofríe el ajo y la cebolla hasta que empiecen a dorarse.

Una vez listo, añade los tomates deshidratados, que previamente habrás hidratado en agua caliente durante 10 minutos.

Ahora, añade la pasta de tomate y la leche de coco. Si no tienes pasta de tomate, puedes usar tomate triturado o tomate frito de buena calidad. De no tener leche de coco, puedes emplear leche evaporada o nata para cocinar.

Con todo junto, deja cocer, a fuego medio, durante unos 5 minutos. Seguidamente, añade los ñoquis en crudo y remueve con cuidado para evitar que se rompan. Deja que hagan chup-chup durante 5 minutos, sin tapar.

Por último, agrega un puñado de espinacas y el queso parmesano, y apaga el fuego. El calor residual hará que se cocinen lo justo y se funda el queso.

Sirve en dos platos y espolvorea un poco más de parmesano rallado por encima.

Valor nutricional aproximado por ración			
Valor energético	Grasa	Carbohidratos	Proteínas
664 kcal	25 g	90 g	20,4 g

Shakshuka o sartén de huevos y tomate

45 min / para 2 personas / sin gluten, vegetariana

Este plato es originario de la gastronomía árabe y es muy común comerlo como desayuno o cena. Quizá no te suene el nombre, pero estoy segura de que alguna vez has podido disfrutarlo. Es uno de mis platos preferidos. Y mi versión favorita era la que comía en casa: con una base de sofrito de guisantes con jamón o chorizo en dados y el huevo encima terminado al horno. Sí, son unos huevos con tomate. Pero también una receta sencilla, económica, nutritiva y deliciosa. La más tradicional es la que tienes a continuación.

Ingredientes

1 cebolla pequeña o ½ cebolla grande (unos 180 g)

2 dientes de ajo

2 cucharadas de aceite de oliva virgen extra

400 g de tomate triturado sin piel ni semillas

½ cucharadita de comino molido

1 cucharadita de pimentón ahumado

sal al gusto

pimienta negra al gusto

una pizca de nuez moscada

1 guindilla troceada y sin pepitas

1 cucharada de azúcar de coco o miel o caramelo de dátiles (opcional)

2 huevos grandes

Pela la cebolla y los ajos, y pícalos a mano o en una picadora hasta que estén en trocitos pequeños. Pon el aceite en una sartén de hierro o, tradicionalmente, en un tajine. Rehoga el ajo y la cebolla a fuego bajo durante unos minutos para que cojan un tono dorado.

Añade el tomate triturado, las especias, la guindilla y remueve. Puedes agregar una cucharada de azúcar de coco o de miel para rectificar la acidez del tomate. Cocina lentamente hasta que el tomate empiece a oscurecer y se forme una salsa más densa.

Rompe los huevos y ponlos encima de la salsa. Tapa y deja que la clara cuaje; la yema debe quedar líquida.

Retira del fuego, salpimienta los huevos y sirve con pan.

Consejos y extras

Te recomiendo comerlo directamente de la sartén una vez hecho.

Puedes dejar el sofrito listo o congelado, y, en el último momento, calentar, añadir los huevos y servir.

Valor nutricional aproximado por ración			
Valor energético	Grasa	Carbohidratos	Proteínas
292 kcal	12,01 g	37,93 g	8,96 g

Fricandó con seitán

1 h 20 min / para 6 personas / sin gluten, vegana

Recuerdo que de pequeña no me gustaba demasiado el fricandó. Era una pesadilla que tocara para comer ese día en el colegio. Y es que, si no se usa una carne buena, el resultado deja mucho que desear. Por suerte, eso ya no es un problema porque no vamos a usar carne. ¡Ahora adoro este guiso!

Ingredientes

150 g de setas de temporada (pueden ser congeladas)

1 cucharada + 2 cucharadas soperas de aceite de oliva virgen extra

160 g de cebolla

2 dientes de ajo

570 g de seitán

80 g de harina de avena certificada sin gluten u otra sin gluten

280 g de tomates

1 cucharada de sirope de agave o caramelo de dátiles

½ vaso de vino blanco

2 ramitas de tomillo fresco

600 ml de caldo vegetal o agua

sal al gusto

pimienta negra al gusto

30 g de almendras tostadas

30 g de avellanas tostadas

Saltea las setas durante 10 minutos en una sartén con una cucharada de aceite y reserva.

Pica la cebolla y un diente de ajo muy finos, ponlos en la misma sartén donde has salteado las setas y añade dos cucharadas soperas de aceite. Deja que se sofría hasta que la cebolla empiece a transparentar.

Paralelamente, corta el seitán en filetes de 1 cm de grosor y pásalos por la harina. Dóralos en otra sartén con aceite para sellarlos y que queden ligeramente dorados. Reserva.

Vierte el tomate previamente troceado en la sartén de la cebolla y agrega una cucharada de sirope o caramelo de dátiles para rectificar la acidez. Añade ahora el vino y el tomillo, y deja que reduzca durante unos 20 minutos a fuego medio. Salpimienta y, por último, vierte el caldo y cocina a fuego fuerte durante 20 minutos más.

Retira el tomillo y tritura la salsa hasta que quede homogénea. Puedes colarla si quieres para retirar las posibles pieles de tomate. Vuelve a poner la salsa en la sartén y añade el seitán. Si la salsa está muy espesa, agrega un poco más de caldo o agua.

Haz una picada con las almendras, las avellanas y el otro diente de ajo, y añádela al guiso. Cocina 10 minutos y sirve.

Valor nutricional aproximado por ración			
Valor energético	Grasa	Carbohidratos	Proteínas
351 kcal	16,24 g	20,46 g	28,76 g

Tortilla abierta de calabaza, mozzarella y cebolla

20 min / para 2 personas / sin gluten, vegetariana

Esta vez no vamos a dar la vuelta a la tortilla... ¡la dejaremos tal cual! Lo mejor de todo es que esta receta es superversátil y admite cualquier cosa que queramos añadirle.

Ingredientes

50 g de calabaza asada

30 g de mozzarella rallada

un chorrito de bebida vegetal

3 huevos medianos

escamas de sal al gusto

una pizca de jengibre en polvo

1 cucharada de aceite de oliva virgen extra

¼ de cebolla morada

brotes verdes

En el vaso de la batidora, tritura la calabaza, la mozzarella, la bebida vegetal y los huevos. Añade la sal y el jengibre, y mezcla.

Pon en el fuego una sartén amplia, de unos 24 cm de diámetro. Engrasa con una cucharada de aceite de oliva y vierte la mezcla.

Reparte la cebolla, que habrás cortado finamente. Tapa la sartén y cocina a fuego bajo hasta que cuaje la parte inferior.

Esparce unos brotes por la superficie y sirve dentro de la misma sartén.

Valor nutricional aproximado por ración			
Valor energético	Grasa	Carbohidratos	Proteínas
229,5 kcal	17,43 g	4,57 g	13,44 g

Burgers de salmón

20 min / para 4 personas / sin gluten (si usas harina de avena certificada sin gluten)

¿Quién dice que las hamburguesas son de carne? ¡Aquí podemos hacer burgers *de cualquier cosa!*

Ingredientes

300 g de salmón fresco

40 g de cebolla blanca

50 g de pepinillos en vinagre

6 g de jengibre fresco sin piel

1 cucharadita de ajo en polvo

pimienta negra al gusto

1 cucharada de salsa de soja

1 cucharada de harina de avena o almendra (opcional)

1 aguacate, una pizca de sal, aceite y hojas de rúcula, para servir

Para preparar estas hamburguesas, lo primero que debes hacer es limpiar bien el salmón, quitándole la piel y las espinas. Luego ponlo en el vaso de la picadora y tritúralo unos segundos hasta que quede en trocitos pequeños, pero no hecho puré. El tamaño de los trozos tiene que ser el de un tartar. Reserva en un bol.

En el mismo vaso de la picadora, añade la cebolla, los pepinillos, el jengibre, el ajo en polvo y la pimienta. Tritura de nuevo unos segundos hasta que se convierta en trocitos pequeños y mézclalo con el salmón.

Añade ahora la salsa de soja y, si quieres, la harina. Mezcla bien y divide la masa resultante en 4 partes iguales a las que daremos forma de hamburguesa. En este punto, puedes envolverlas individualmente en film transparente y congelarlas, o hacerlas al momento para consumirlas.

Si decides comerlas al momento, pon una sartén antiadherente a fuego medio y dóralas unos 4 minutos por cada lado.

Sirve con aguacate hecho puré con una pizca de sal y aceite, y unas hojas de rúcula.

Consejos y extras

Admiten congelación.

Valor nutricional aproximado por ración	
Valor energético	242,5 kcal
Grasa	15,47 g
Carbohidratos	7,94 g
Proteínas	18,23 g

Burgers de alubias rojas

20 min + 30 min de reposo / para 6 hamburguesas / opción sin gluten, vegana

A simple vista jamás dirías que no son unas hamburguesas tradicionales de carne picada. Cuando las pruebes, seguro que decides darles otro bocado. Y otro. Y otro más. Estas burgers *de alubias rojas son un «festival». Así que ponte en primera fila ¡y a disfrutarlas!*

Ingredientes

110 g de cebolla roja

45 g de pimiento verde o rojo

1 diente de ajo

15 g de salsa de soja

1 cucharada de cebolla en polvo

3 g de pimentón picante

sal al gusto

pimienta negra al gusto

¼ de cucharadita de comino molido

una pizca de orégano seco

350 g de alubias rojas cocidas y bien escurridas

25 g de maicena, harina de garbanzos o algún otro espesante

80 g de harina de avena o almendra

1 cucharadita de aceite de oliva virgen extra

pan integral (puede ser sin gluten), hojas verdes, tomate y mostaza antigua, para servir

En el procesador de alimentos, pon la cebolla, el pimiento, el diente de ajo, la salsa de soja y las especias: cebolla en polvo, pimentón, sal, pimienta, comino y orégano. Tritura hasta que se convierta en pequeños trocitos, agrega las alubias y pica de nuevo hasta obtener trozos pequeños, pero no puré.

Añade la maicena, la harina de avena y remueve con una lengua o con el procesador a baja velocidad.

Pasa la mezcla a un plato o bol, tapa con film transparente y refrigera media hora.

Transcurrido este tiempo, prepara una bandeja con papel vegetal. Engrásate bien las manos con aceite y ve formando 6 bolas del mismo tamaño. Luego aplástalas con cuidado para darles forma de hamburguesa y ponlas sobre la bandeja.

En este punto, puedes envolverlas bien y congelarlas, o guardarlas refrigeradas hasta el momento de hacerlas.

Para hacerlas a la plancha, pon una sartén antiadherente a fuego medio-alto con una cucharadita de aceite de oliva. Cuando esté caliente, pon una hamburguesa y hazla unos 4-5 minutos por cada lado. Repite la misma operación con cada unidad.

Sirve sobre pan integral con hojas verdes, tomate cortado en rodajas y un poco de mostaza antigua.

Valor nutricional aproximado por hamburguesa (sin acompañamientos)			
Valor energético	Grasa	Carbohidratos	Proteínas
92,33 kcal	2,82 g	11,68 g	4,34 g

Boniato asado relleno
de arroz integral y salsa verde

30 min + cocción / para 2 personas / sin gluten, opción vegana

El boniato es un ingrediente que o se venera o se desprecia. Yo te pido que le des una oportunidad, aunque si estamos fuera de temporada o realmente no puedes con él, puedes hacer esta misma receta con patata o calabaza.

Ingredientes

2 boniatos

60 g de arroz integral

una pizca de sal

½ cucharada de orégano seco

1 cucharada de arándanos deshidratados o pasas sultanas

Ingredientes para la salsa verde (no se usa toda la cantidad)

2 cucharadas de la pulpa de cada boniato

40 g de aceite de oliva virgen extra

50 g de aguacate

30 g de yogur natural o de soja

½ cucharadita de sal

pimienta negra al gusto

2 cucharadas de cilantro fresco

6 hojas de menta fresca

20 g de la parte verde de un puerro (opcional)

Lava bien los boniatos y hazles un corte en un lado sin llegar a cortarlos por completo. Ponlos en una fuente apta para horno y cuécelos a 200 ˚C hasta que suelten jugo y empiecen a caramelizarse. Saca y deja templar un poco.

Paralelamente, hierve el arroz con una pizca de sal hasta que esté tierno. Escúrrelo y añádele el orégano y los arándanos. Mezcla bien.

Retira dos cucharadas de la pulpa de cada boniato y ponlas en el vaso de la batidora. Añade el resto de los ingredientes de la salsa verde y tritura hasta que emulsione y tenga un tono verdoso.

Rellena los boniatos con el arroz y reparte una cucharada de la salsa por encima. Pon el sobrante de la salsa a un lado por si los comensales quieren más. Sirve templado.

Consejos y extras

Esta receta se puede dejar lista en la nevera sin la salsa. Antes de servir, dale un toque de calor y agrega la salsa justo antes de comer.

Valor nutricional aproximado por ración sin la salsa (y con salsa)			
Valor energético	Grasa	Carbohidratos	Proteínas
190 kcal (338 kcal)	1,04 g (17,22 g)	43,54 g (43,95 g)	3 g (4,01 g)

Buddha bowl

10 min / para 1 bol / sin gluten, vegana

El Buddha bowl *o bol de Buddha es un plato relativamente nuevo. Se ha dado a conocer hace unos pocos años gracias al auge de las dietas veganas y vegetarianas. Se trata de un plato hondo en el que se sirven alimentos fríos combinados y destaca por su variedad de colores.*

Ingredientes para el *Buddha bowl*

½ taza de quinoa cocida (puede ser arroz, trigo sarraceno, cuscús...)

1 tomate rosa

½ pimiento verde

½ aguacate

brotes de remolacha

hoja verde variada

1 cucharadita de tahine

Ingredientes para la salsa de yogur

3 cucharadas de yogur de soja

1 cucharada de aceite de oliva

2 cucharadas de pepino rallado

En un bol, coloca todos los ingredientes de la receta, excepto el tahine, añadiendo o quitando a tu gusto.

Antes de comer, riega con la mezcla de la salsa de yogur y la cucharada de tahine.

Valor nutricional aproximado por bol entero			
Valor energético	Grasa	Carbohidratos	Proteínas
546 kcal	39,44 g	44,57 g	11,86 g

Berenjenas rellenas de cuscús especiado

30 min + cocción / para 2 personas / sin gluten, opción vegana

Esta receta va a ser tu gran aliada cuando tengas que comer fuera o dejes la comida lista para calentarla a última hora.

Ingredientes

2 berenjenas

una pizca de nuez moscada

½ cucharadita de pimentón picante

¼ de cucharadita de comino molido

½ cucharadita de sal

una pizca de pimienta negra

¼ de cdta. de canela molida

90 g de cuscús, pesado en seco

150 ml de agua hirviendo

unas gotitas de aceite de oliva virgen extra

1 cucharada de pasta de tomate

una pizca de sal

4-6 orejones

2 cucharadas queso feta (opcional)

8-10 anacardos tostados

cilantro fresco

Lava bien las berenjenas y córtales la parte superior. Haz unas incisiones sin llegar a cortar la piel e introdúcelas en el horno a 200 °C hasta que estén tiernas. Una vez listas, quítales la pulpa con la ayuda de una cuchara y guárdala para otra elaboración (se puede añadir a un hummus y conseguir un toque diferente y delicioso).

En un bol amplio, pon todas las especias y el cuscús, vierte el agua hirviendo y tapa con un trapo durante 10 minutos.

Pasado este tiempo, destapa y remueve con un tenedor para que quede el grano suelto y no se apelmace. Riega con un poquito de aceite de oliva virgen extra y luego añade la cucharada de pasta de tomate y rectifica de sal.

Trocea los orejones, desmiga el queso feta y agrégalo al cuscús. Tuesta los anacardos en una sartén, durante unos 5 minutos, e intégralos. Remuévelo todo para combinarlo de manera uniforme.

Por último, rellena las berenjenas asadas con una cuchara, espolvorea cilantro picado por encima y sirve.

Valor nutricional aproximado por ración	
Valor energético	250 kcal
Grasa	5,59 g
Carbohidratos	45,43 g
Proteínas	9,58 g

Consejos y extras

Es una receta fantástica para llevarnos en *tupper*.

Puedes sustituir el cuscús por quinoa, trigo sarraceno, arroz, etc.

Postres: la guinda del pastel

Carrot cake con coco

20 min + 40 min de cocción / para 7 personas / sin gluten, vegetariana

La tradicional tarta de zanahoria no deja indiferente a nadie: el mundo se divide entre los que la aman y los que la odian, sin medias tintas. Si eres del segundo grupo, te animo a que pruebes esta versión, que es una auténtica maravilla. Si eres del primero, ¡te aseguro que no te arrepentirás si le das una oportunidad!

Ingredientes

aceite de oliva virgen extra
para engrasar el molde

250 g de zanahorias

½ cucharadita de canela molida

¼ de cucharadita de jengibre
molido

una pizca de nuez moscada

¼ de cucharadita
de cardamomo

una pizca de sal

1 cucharada de bicarbonato
sódico

70 g de harina de coco

1 cucharada de jengibre fresco
rallado

6 huevos medianos

60 g de aceite de coco
(o mantequilla) fundido

5 g de zumo de limón

65 g de miel cruda o sirope
de agave

70 g de nueces troceadas

Precalienta el horno a 180 °C, engrasa con un poco de aceite un molde desmontable de 15 cm de diámetro y forra la base con un círculo de papel vegetal.

Ralla las zanahorias hasta que queden finas y reserva.

En un bol amplio, mezcla las especias, la sal, el bicarbonato, la harina de coco y el jengibre fresco. Luego añade los huevos, el aceite de coco fundido, el zumo de limón y la miel (o sirope), y bate bien con unas varillas eléctricas. Incorpora las zanahorias ralladas y las nueces, y remueve para integrar completamente.

Vierte la masa en el molde y hornea durante 40 minutos. Pasado este tiempo, pincha en el centro para comprobar que esté listo. Si sale limpio, retira del horno y deja enfriar dentro del molde antes de decorar con el *frosting*.

Ingredientes para el *frosting*

150 g de nata de coco (o nata
   con un 35 % de m. g.)

1 cucharada de vainilla líquida

½ cucharadita de canela molida

25-30 g de sirope de coco
   o de agave

Ingredientes para las escamas de coco

un puñado de coco en escamas

canela en polvo

jengibre en polvo

ralladura de ½ naranja

unas gotas de zumo de naranja

Para preparar la cobertura, bate ligeramente la nata de coco como si fuese nata de repostería; es decir, hasta que empiece a semimontarse. Añade la vainilla, la canela y el sirope, y bate un poco más. Luego cubre la tarta con este *frosting*.

Para hacer las escamas, ponlas en un bol y mézclalas con un poquito de canela y jengibre en polvo para darles un toque de sabor. Añade la ralladura y el zumo de naranja y combina bien. Hornea a 170 °C durante 4-6 minutos o hasta que estén doradas, y luego repártelas sobre la tarta.

Consejos y extras

Las escamas especiadas son un *topping* ideal para *smoothies*, ensaladas, porridges... Puedes aprovechar el calor residual del horno cuando ases verduras o prepares una tarta, y tenerlas en un bote de cristal hermético para disfrutarlas en cualquier momento.

Valor nutricional aproximado por ración			
Valor energético	Grasa	Carbohidratos	Proteínas
390 kcal	30,69 g	23,23 g	8,92 g

Cheesecake de té matcha

40 min + 1 h de cocción + 2 h de reposo / para 7 personas / sin gluten, vegetariana

El matcha ha tardado en llegar a nuestros respectivos hogares, pero bendito sea el momento en el que lo ha hecho. Este té en polvo, a diferencia del resto, que se presenta en hebras y se infusiona, es absolutamente maravilloso por sus propiedades y por la cantidad de aplicaciones que tiene. Las hojas de té verde se secan al sol y se muelen; de este modo, los beneficios del té verde se multiplican en el matcha porque lo ingerimos por completo.

Ingredientes para la base

40 g de nueces pacanas

40 g de anacardos

45 g de dátiles deshuesados

15 g de aceite de coco fundido (o mantequilla)

10 g de cacao en polvo

Ingredientes para el relleno

4 huevos + 50 g de claras

100 g de leche de coco

1 cucharada de vainilla en pasta

300 g de queso crema

35 g de eritritol o 60 g de dátiles medjoul deshuesados

5 g de té matcha

Ingredientes para la cobertura

matcha en polvo

nibs de cacao

fruta fresca

En una picadora, tritura todos los ingredientes de la base. Empieza por los frutos secos y, cuando tengan textura de arena, añade los dátiles troceados, el aceite y el cacao, y vuelve a picar hasta que se forme una masa densa con pequeños trocitos.

Pasa a un molde de 15 cm de diámetro que habremos forrado con papel vegetal en forma de círculo del mismo tamaño que la base y también por los lados, poniendo un círculo alrededor de todo el borde pegado con unas gotas de aceite. Esparce bien la mezcla y presiona con las manos o una cuchara hasta que quede compacta y bien adherida al molde.

Para preparar el relleno, mezcla las claras con los huevos, la leche, la vainilla, el queso y el edulcorante, y bate con unas varillas hasta que quede todo integrado. Tamiza el matcha y combina hasta que no queden grumos. Cuando esté todo bien mezclado, vierte sobre la base.

Introduce en el horno precalentado a 175 °C dentro de otro recipiente más grande. Llena el recipiente grande con agua hirviendo hasta cubrir ⅓ del molde de la tarta y hornea durante 60 minutos. Pasado este tiempo, retira y deja enfriar dentro del agua. Una vez enfriado, introduce en la nevera unas 2 horas.

Para desmoldar, pasa un cuchillo con cuidado por los bordes para que se suelte, voltea con cuidado sobre la mano y pásalo a un plato. Decora con un poco de matcha en polvo (con precaución o amargará), los *nibs* y fruta fresca lavada y cortada.

Consejos y extras

La cocción al baño maría dentro del horno nos asegura que la tarta se cuece de manera uniforme y suave a través del calor que recibe del agua y no directamente del horno.

Siempre es mejor usar un molde cerrado para esta receta, que no sea desmontable, o forrarlo muy bien con papel de aluminio para que no entre agua.

Puedes tapar el molde que contiene la tarta para asegurarte de que no le salpica agua del exterior.

Si el molde de la tarta es de cristal, pon un trapo entre este y el recipiente grande para que no se muevan ni se golpeen cuando burbujee el agua hirviendo.

Procura introducir siempre la tarta en el agua del baño maría ya hirviendo. Yo suelo usar un hervidor de agua para poner al mismo tiempo el molde dentro del recipiente y llenarlo con el agua hirviendo.

Si no quieres hacer la cocción al baño maría, puedes montar bien las claras a punto de nieve e integrarlas con el resto previamente combinado, y después cocerlo en el horno de manera tradicional.

Sustituye el matcha por cacao en polvo para obtener la versión chocolate. Omite los dos ingredientes y obtendrás una tarta de sabor neutro con un toque de vainilla.

Valor nutricional aproximado por ración			
Valor energético	Grasa	Carbohidratos	Proteínas
375,57 kcal	28,94 g	8,40 g	9,59 g

Tarta mousse de vainilla y chocolate con tofu

50 min + reposo / para 7 personas / sin gluten (si usas una avena certificada sin gluten), vegana

No esperes encontrar sabores raros en esta receta. No notarás el tofu en absoluto y la combinación con el resto de los ingredientes la hacen la tarta perfecta.

Ingredientes para la base

40 g de harina de avena

40 g de mantequilla de anacardos (u otro fruto seco)

8 g de cacao en polvo

25 g de dátiles medjoul

10 g de aceite de coco fundido

Ingredientes para el relleno

220 g de anacardos (pesados en seco) remojados en agua caliente durante 15 minutos

170 g de dátiles (pesados en seco y deshuesados) remojados en agua hirviendo durante 10 minutos

310 g de tofu bien escurrido

75 g de leche de coco

10 g de levadura nutricional

una pizca de sal

2 cucharadas de vainilla líquida

20 g de cacao en polvo

Introduce todos los ingredientes de la base en el procesador de alimentos y pícalos hasta obtener una textura de arena mojada. Pasa la masa a un molde desmontable de 15 cm de diámetro, que habremos forrado con un círculo de papel vegetal, y aplástala con una cuchara para que se compacte y forme una base crujiente. Guarda en la nevera.

En el mismo procesador de alimentos, vierte los anacardos bien escurridos junto con los dátiles (recuerda guardar el agua del remojo de estos últimos), el tofu, la leche de coco, la levadura nutricional y la pizca de sal. Tritura hasta obtener una textura homogénea.

Divide esta mezcla en dos. A una mitad le añades la vainilla y mezclas bien. A la otra, le agregas el cacao y bates hasta que quede integrado homogéneamente.

Vierte con cuidado una primera capa de mezcla con vainilla sobre la base. Refrigera 10 minutos y vierte entonces la capa de cacao. Vuelve a introducir en la nevera.

Ingredientes para la cobertura

75 g de mantequilla
de anacardos

10 g de cacao en polvo

50 g de agua (yo uso el agua
del remojo de los dátiles)

1 cucharadita de vainilla

5 g de sirope de coco o agave

Ingredientes para decorar

unos cuantos *nibs* de cacao

un puñado de arándanos
frescos

1 cucharada de almendra
troceada

Para hacer la cobertura, tritura todos los ingredientes y cubre la tarta. Guarda refrigerada hasta el momento de consumir y, justo antes de servir, decora con los *nibs* de cacao, los arándanos y la almendra troceada.

Valor nutricional aproximado por ración			
Valor energético	Grasa	Carbohidratos	Proteínas
471,28 kcal	30,57 g	29,57 g	17,73 g

Banana bread de chocolate

30 min + 50 min de cocción / para 7 personas / vegana

Esta receta no es 100 % saludable porque lleva 45 g de azúcar de coco. ¡Pero es que no he probado un pan de plátano más delicious que este y las versiones sin azúcar no quedan en absoluto igual! Además, la vida está para disfrutarla.... ¡Démonos un homenaje!

Ingredientes

- 130 g de harina de espelta integral
- 45 g de cacao en polvo
- ½ cucharada de bicarbonato sódico
- ½ cucharada de levadura química
- 1 cucharadita de sal
- ¼ de cucharadita de cardamomo
- 45 g de eritritol o azúcar de coco
- 1 cucharadita de canela molida
- 100 g de dátiles o pasas
- 250 g de plátanos muy maduros + 1 plátano para decorar
- 80 ml de bebida de soja
- 80 g de aceite de coco fundido o aceite de oliva virgen extra
- 1 cucharada de vinagre de manzana
- 1 cucharada de vainilla
- 90 g de chips de chocolate + algo más para la superficie

Mezcla todos los ingredientes secos: la harina, el cacao, el bicarbonato, la levadura, la sal, el cardamomo, el azúcar de coco y la canela.

Por otro lado, tritura, en un procesador de alimentos, los dátiles junto con el plátano, la bebida de soja, el aceite de coco, el vinagre y la vainilla hasta obtener una mezcla densa. Añade esta mezcla a la de los secos y combina hasta que no queden grumos. Por último, agrega los chips de chocolate reservando unas pocas para repartir por la superficie.

Vierte en un molde rectangular de *plum cake* de unos 20×8 cm, que habremos forrado con papel vegetal en la base para facilitar el desmoldado, pela el plátano de decoración, pártelo en dos longitudinalmente y colócalo encima.

Hornea en el horno precalentado a 175 ̊C durante 50 minutos. Pasado este tiempo, pincha con un palillo el centro para comprobar que está cocido. Si sale limpio, apaga el horno, saca el *bread* y espolvorea las chips de chocolate que has reservado por encima para que se fundan con el calor residual. Deja enfriar completamente y desmolda.

Valor nutricional aproximado por ración	
Valor energético	339,14 kcal
Grasa	19,18 g
Carbohidratos	33,51 g
Proteínas	6,82 g

Consejos y extras

Para la versión no vegana del pan, puedes usar mantequilla en lugar de aceite de coco y leche de vaca en vez de soja.

Tarta de limón interestelar

1 h 30 min + 4 h de reposo / para 7 personas / sin gluten, vegetariana

¡Fresca, ligera y refrescante! Esta tarta salió de mi cocina una vez que el libro estaba ya muy pero que muy avanzado y tuve que hacerle un huequecito especial ¡porque se merece un monumento! Pero, de momento, lo que puedo hacer es compartirla con vosotros para que triunféis con ella.

Ingredientes para la base

- 80 g de anacardos o nuez de cajú
- 55 g de dátiles medjoul deshuesados
- 10 g de cacao puro
- 10 g de aceite de coco, ghee o mantequilla

Ingredientes para el relleno

- 3,5 hojas de gelatina neutra de 2 g cada una
- 20 g de leche para disolver la gelatina
- 200 g de nata para montar
- 250 g de queso crema o queso fresco batido
- ralladura de 1 limón
- 1 cucharada de vainilla en esencia o en pasta
- 45 g de eritritol o 90 g de caramelo de dátiles

En una picadora, pica todos los ingredientes de la base y vierte en un molde desmontable de 15 cm de diámetro con la base forrada con papel vegetal. Con la ayuda de una cuchara, presiona la mezcla hasta que quede compacta. Reserva en la nevera mientras preparas el relleno.

Para hacer el relleno, hidrata primero la gelatina en agua muy fría durante 5 minutos. Pasado este tiempo, escurre y diluye en la leche que previamente habrás calentado unos segundos en el microondas.

Con la ayuda de unas varillas eléctricas, monta la nata, que siempre tiene que estar muy fría, y reserva. Por otro lado, mezcla el queso con la ralladura de limón, la vainilla y el edulcorante. Añade la leche con la gelatina disuelta y vuelve a mezclar.

Por último, integra la nata montada con movimientos envolventes hasta obtener una crema homogénea. Vierte sobre la base y refrigera 4 horas.

Ingredientes para la cobertura

100 ml de zumo de limón

1 huevo

7 g de maicena u otro espesante
sin gluten, como el kuzu

30 g de eritritol

30 g de aceite de coco
o mantequilla

virutas de chocolate blanco
sin azúcar

Para la cobertura, mezcla todos los ingredientes y cuécelos en el microondas un minuto a 850 W de potencia. Saca la mezcla, bátela con unas varillas e introdúcela de nuevo en el microondas durante 30 segundos más o hasta que esté espesa con textura de natilla. Saca de nuevo, bate una última vez y reparte sobre la tarta ya cuajada.

Deja enfriar y decora con virutas de chocolate blanco.

Valor nutricional aproximado por ración			
Valor energético	Grasa	Carbohidratos	Proteínas
386,14 kcal	34,6 g	11,95 g	7,25 g

Bizcocho de yogur con nueces de Brasil

20 min + 1 h de cocción / para 8 personas / vegetariana

Fácil y resultón. Este bizcocho no necesita más.

Ingredientes

145 g de yogur griego

125 ml de aceite de oliva virgen extra

1 cucharada de vainilla líquida

3 huevos medianos

140 g de miel cruda o caramelo de dátiles

120 g de harina de avena

120 g de harina de espelta integral

10 g de levadura química

½ cucharadita de canela molida

¼ de cucharadita de cardamomo molido

un puñado de nueces de Brasil troceadas

2 cucharadas de mermelada casera de arándanos (ver pág. 38)

Por un lado, mezcla el yogur con el aceite, la vainilla, los huevos y la miel. Bate manualmente con unas varillas hasta que todo quede bien combinado.

Por otro lado, mezcla las harinas, la levadura y las especias.

Tamiza los ingredientes secos sobre la primera mezcla, poco a poco. Ve mezclando a medida que vas agregando más cantidad y remueve hasta obtener una masa homogénea y sin grumos.

Ahora añade las nueces troceadas y prepara un molde de *plum cake* forrado con papel vegetal. Vierte la masa en el molde y reparte las dos cucharadas de mermelada.

Por último, hornea durante 1 hora en el horno precalentado a 175 ˚C. Pasado este tiempo, pincha el centro con un palillo para comprobar que esté cocido. Retira del horno y deja enfriar por completo.

Consejos y extras

Si lo guardas bien tapado con film transparente, se conserva en perfectas condiciones hasta 5 días.

Puedes sustituir las nueces de Brasil por cualquier otro fruto seco o por fruta deshidratada.

Valor nutricional aproximado por ración	
Valor energético	376,5 kcal
Grasa	23,12 g
Carbohidratos	34,80 g
Proteínas	7,32 g

Tarta fría de chocolate, cacahuete y plátano

40 min + 4 h de reposo / para 7 personas / sin gluten, vegana

Dicen que hay combinaciones de ingredientes que hacen un matrimonio perfecto: las uvas con el queso, las fresas con el chocolate, el plátano con el cacahuete. Si a esta última, además, le sumamos el chocolate... ¡ya ni te explico!

Ingredientes para la base

100 g de nueces pacanas

40 g de dátiles medjoul

15 g de cacao puro

20 g de aceite de coco

Ingredientes para el relleno

100 g de chocolate con
   un 85 % de cacao

140 g de leche de coco
   a temperatura ambiente
   (no la parte más cremosa)

65 g de dátiles medjoul
   deshuesados

80 g de mantequilla
   de cacahuete

150 g de plátano troceado

Ingredientes para la cobertura

1 plátano

1 cucharada de mantequilla
   de cacahuete

cacahuetes crudos

Empieza preparando la base: pon todos los ingredientes en el procesador de alimentos y tritura hasta obtener una textura que pueda compactarse. Vierte la masa en un molde desmontable de 15 cm de diámetro previamente forrado con papel vegetal en la base. Extiende bien y presiona la arena de frutos secos para que coja la forma y quede bien adherida. Reserva.

Para hacer el relleno, primero funde el chocolate en el microondas a intervalos cortos de tiempo y a potencia media para asegurarte de que no se quema. Una vez que esté totalmente deshecho, ponlo en el vaso del procesador de alimentos junto con la leche de coco, los dátiles, la mantequilla y el plátano. Tritura hasta obtener una textura homogénea y sin grumos, que sea de color chocolate oscuro.

Vierte la mezcla del relleno sobre la base que tienes en el molde y refrigera un mínimo de 4 horas.

Para preparar la cobertura, corta el plátano en rodajas y pásalo unos minutos por una sartén antiadherente a fuego alto para que se caramelice. Una vez desmoldado el pastel, decora los laterales con las rodajas de plátano caramelizado y por encima pon una cucharada de mantequilla de cacahuete y unos cacahuetes crudos ligeramente tostados en la misma sartén del plátano.

Consejos y extras

Si el plátano del relleno no está excesivamente maduro, pásalo unos minutos por la sartén para que se caramelice. De este modo, quedará mucho más dulce y la tarta tendrá un ligero aroma a caramelo.

Si no dispones de dátiles medjoul, remoja los que tengas en agua muy caliente durante 10 minutos y escúrrelos.

Saca la tarta unos 10-15 minutos antes de servir, para que se atempere.

Valor nutricional aproximado por ración			
Valor energético	Grasa	Carbohidratos	Proteínas
369,28 kcal	23,90 g	31,21 g	7,42 g

Cinnamon rolls

30 min + 2 h de levado + 22 min de cocción / para 10 *rolls* / vegetariana

El chocolate me pierde, pero cuando se trata de bollos, los cinnamon rolls *son de mis favoritos. No puedo resistirme a ellos: suaves, aireados, ligeros… y acompañados de un buen tazón de café ¡eso es tocar el cielo, mismamente! Los he probado de todo tipo y, cuando veo una nueva versión, me lanzo a prepararla enseguida porque el ansia de saber cómo queda me puede.*

Y después de tantísimas pruebas, estoy tremendamente orgullosa de tener mi propia receta, que quiero compartir con todos vosotros. Para mí, una de las mejores que he probado, y quienes también la han disfrutado coinciden en que es delicious. *Eso sí, te recomiendo que uses un robot para facilitarte la tarea de amasado. Se nota mucho en el resultado final.*

Ingredientes para la base

250 ml de leche templada

35 g de azúcar de coco

el interior de una vaina de vainilla

7 g de levadura seca de panadero (o 25 g de levadura fresca)

485 g de harina de trigo (no integral y mejor si es de fuerza)

¼ de cucharadita de canela

una pizca de sal

1 huevo mediano

60 g de mantequilla fundida

Ingredientes para el relleno

180 g de dátiles medjoul deshuesados

140 g de agua

5 g de canela molida

Primero prepara la masa: en un vaso, pon la leche junto con el azúcar, el interior de la vaina de vainilla y la levadura. Remueve para que todo quede integrado.

En el bol de la amasadora (o en un bol amplio si lo haces a mano), pon la harina, la canela y la sal, remueve un poco y añade el huevo, la mantequilla fundida y los líquidos que hemos mezclado al principio.

Empieza a amasar con el gancho a una velocidad baja de 1-2. Se formará una masa acuosa y pegadiza. Sube la velocidad a 3-4 y sigue amasando durante unos 20 minutos más. Si quieres, durante los últimos 5 minutos, puedes subir hasta velocidad 6, pero no más.

Si lo haces a mano, necesitarás un poco más de tiempo.

Cuando veas que la masa empieza a despegarse de los laterales del bol, ya está lista. Notarás que está muy elástica y algo pringosa. Sácala del bol y haz una bola con ella. Como será pegajosa, te recomiendo que te engrases las manos con aceite. Engrasa también el mismo bol que has usado, pon la bola en el interior y cubre con film transparente y un trapo. Deja levar en un lugar cálido durante 2 horas.

Ingredientes para la cobertura

80 g de chocolate negro

15 g de aceite de coco

1 cucharada de vainilla

Para el relleno, pon todos los ingredientes en una picadora potente y tritura hasta obtener un caramelo ligero.

Cuando la masa haya doblado su volumen, vuélcala sobre la encimera y amásala para sacar el aire. Luego estírala con un rodillo formando un rectángulo de unos 35x50 cm. Si te cuesta, deja que la masa se relaje durante unos minutos.

Cuando tengas el rectángulo, reparte el relleno por toda la superficie extendiéndolo bien y, a continuación, enróllalo sobre sí mismo, de uno de los extremos más cortos hacia el otro.

Una vez que obtengas un cilindro, corta con un cuchillo muy afilado y con mucho cuidado para que no se desmonten, trozos de 3 cm de grosor aproximadamente (saldrán unos 10). Una vez cortados, ponlos bien separados en una bandeja apta para el horno y con la espiral hacia arriba. (Mi bandeja de horno mide 26 x 20 cm).

Tapa de nuevo con film transparente y un trapo, y deja levar de nuevo durante 1 hora en un lugar cálido. Pasado este tiempo, y cuando veas que han doblado el volumen, precalienta el horno a 200 °C, píntalos con un poco de yema de huevo o leche, y cuécelos durante 20-22 minutos o hasta que veas que están dorados por la superficie y bien hechos por el centro. Saca y deja enfriar.

Para hacer la cobertura, mezcla todos los ingredientes y riega los *cinnamon rolls* justo antes de servir.

Valor nutricional aproximado por ración	
Valor energético	349,5 kcal
Grasa	10,11 g
Carbohidratos	56,32 g
Proteínas	8,17 g

Consejos y extras

Estos *rolls* están de vicio si los tomas tibios o después de pasarlos unos 20 segundos por el microondas.

Si no puedes hacerlos en un mismo día, deja reposar la masa en la nevera durante toda la noche en alguno de los dos levados y, al día siguiente, deja que se atempere y sigue donde te hayas quedado.

Puedes rellenarlos de lo que más te guste y también puedes cambiar la cobertura por el típico queso crema más endulzante.

Es una receta con azúcar, ¡sí! Pero la cantidad de azúcar (40 g) repartida entre 10 personas supone 4 g por comensal.

Una vez horneados, puedes congelarlos envueltos en film transparente hasta 3 meses.

Comtessa o tarta viennetta

20 min + 4 h de congelación / para 6 personas / sin gluten, vegetariana

Sin duda, este postre me recuerda a mi infancia… ¡Es increíble que algo tan sencillo resulte tan delicious!

Ingredientes

100 g de chocolate con un 85 % de cacao, sin azúcar

150 g de aquafaba (agua de cocer las legumbres) o clara de huevo pasteurizada

100 g de eritritol (podrías usar azúcar de coco)

500 ml de nata muy fría (con un mínimo de 35 % M. G.)

Consejos y extras

Para que monte mejor, puedes poner las varillas, el bol en el que la montarás y la propia nata 10 minutos en el congelador.

Valor nutricional aproximado por ración	
Valor energético	367,16 kcal
Grasa	35,35 g
Carbohidratos	10,37 g
Proteínas	5,37 g

Funde el chocolate en el microondas a intervalos de tiempo cortos y a baja potencia. Pinta con él una lámina de papel vegetal o un tapete de silicona con un pincel de silicona. Intenta hacer tiras muy finas que prácticamente se rompan una vez solidifique. Reparte todo el chocolate y refrigera.

A continuación, monta el aquafaba o las claras con unas varillas eléctricas, un robot o a mano, a punto de nieve, y entonces añade el endulzante y sigue batiendo hasta obtener un merengue brillante. Reserva a un lado.

Ahora monta la nata, que tiene que estar muy fría: empieza a baja velocidad y ve subiendo para que no se convierta en mantequilla. Cuando esté montada, agrégale el merengue con movimientos suaves y envolventes, con una lengua de silicona. Cuando la mezcla esté homogénea, comienza a montar la tarta.

Coge un molde de *plum cake* de unos 12 x 8 cm y fórralo con papel vegetal. Pon una cucharada de mezcla de nata y merengue, y reparte bien. Da unos pequeños golpes en el molde para que salgan las burbujas y para que esta primera capa se adhiera bien. Saca el chocolate de la nevera y reparte una fina capa de chocolate por encima. Alterna capas de chocolate y merengue hasta terminar con toda la mezcla. Una vez lleno el molde, alisa bien e introdúcelo en el congelador un mínimo de 4 horas.

Antes de servir, decora con más chocolate y, si quieres, fruta fresca.

Cheesecake de manzana

40 min + 4 h de reposo / para 7 personas / sin gluten, vegetariana

¿La reina de las cheesecakes? Sí, ¡aquí estoy! La reina o la loca, porque como se me ponga una por delante, no respondo. Sería capaz de comérmela del suelo, como hacen Rachel y Chandler en la mítica (y mi superfavorita) serie Friends.

Ingredientes para la base

100 g de nueces (o cualquier otro fruto seco: almendras, anacardos...)

50 g de caramelo de dátiles con cacao (ver receta en pág. 32)

Ingredientes para el relleno

450 g de manzana ácida

3 hojas de gelatina de 2 g cada una

270 g de queso crema

½ cucharadita de canela molida

50 g de eritritol o 1 cucharadita de sucralosa líquida o 70 g de dátiles medjoul

1 cucharada de vainilla en pasta o esencia

200 ml de nata para montar con un mínimo de 35 % de M. G.

Forra la base de un molde desmontable de 15 cm con papel vegetal y forra también el borde con más papel vegetal o con acetato.

Tritura todos los ingredientes de la base hasta obtener una textura que compacte. Vierte la masa en el molde y aprieta hasta que quede un disco consistente y nivelado, y reserva.

Para hacer el relleno, pela y descorazona las manzanas, trocéalas e introdúcelas en el microondas 10 minutos. Paralelamente, hidrata la gelatina en agua muy fría. Una vez que estén listas las manzanas, tritúralas con la batidora. Escurre la gelatina y dilúyela en el puré de manzana caliente. Deja templar.

Aparte, bate con unas varillas manuales el queso crema junto con la canela, el endulzante y la vainilla. Cuando el puré de manzana haya perdido temperatura, incorpóralo a la mezcla del queso.

Monta la nata con varillas eléctricas, agrégala a la mezcla con movimientos envolventes hasta obtener una masa homogénea y viértela sobre la base. Refrigera durante 4 horas.

Ingredientes para la cobertura

90 g de anacardos naturales

60 g de dátiles medjoul

30 g de agua

¼ de cucharadita de canela molida

1 cucharadita de vainilla

Para preparar la cobertura, tritura todos los ingredientes hasta conseguir un caramelo ligero y cubre la tarta con él.

Guarda la *cheescake* en la nevera hasta la hora de servir, momento en que se tiene que desmoldar con cuidado.

Consejos y extras

Si te cuesta desmoldar, métela en el congelador durante 15 minutos.

En la nevera se conserva 5 días en perfectas condiciones.

Valor nutricional aproximado por ración			
Valor energético	Grasa	Carbohidratos	Proteínas
405,42 kcal	31,05 g	26,97 g	7,66 g

Flanes de coco sencillos

50 min + 3 h de reposo / para 4 flanes normales o 6 pequeños / sin gluten, vegetariana

El típico flan de huevo, pero dándole una vuelta. Sigue siendo sencillo, rico y delicado, ¡pero sorprenderás a todo el mundo con esta receta!

Ingredientes para el caramelo

30 g de panela o azúcar de coco
(el eritritol no sirve porque
no carameliza)

1 cucharada de agua

Ingredientes para los flanes

3 huevos grandes

50 g de miel, caramelo
de dátiles o sirope de agave

280 g de leche de coco a
temperatura ambiente

20 g de coco rallado
o en escamas

Empieza por el caramelo: en una sartén antiadherente, pon el azúcar y el agua, mezcla y calienta a fuego medio. Deja que se dore, sin remover en ningún momento. Cuando tenga consistencia, repártelo en las flaneras o moldes de silicona que uses. Deja enfriar a temperatura ambiente.

Para hacer el flan, bate los huevos junto con la miel y la leche de coco. Añade el coco rallado o en escamas y remueve hasta obtener una mezcla homogénea. Reparte la mezcla entre las flaneras de manera que queden totalmente llenas.

Pasa las flaneras a una fuente más grande apta para horno y cuécelas al baño maría. Para ello, introduce la bandeja en el horno precalentado a 180 °C y llena la fuente con agua caliente hasta cubrir la mitad de las flaneras. Hornea durante unos 35 minutos o hasta que al pinchar en el centro de uno de los flanes veas que está completamente cuajado.

Apaga el horno y retira con mucho cuidado la fuente. Saca los flanes del agua y deja templar a temperatura ambiente. Una vez fríos, guárdalos en la nevera un mínimo de 3 horas antes de consumir.

Valor nutricional aproximado por ración			
Valor energético	Grasa	Carbohidratos	Proteínas
167 kcal	7,55 g	19,27 g	5,22 g

Granizado de mango con yogur

10 min / para 2 personas / sin gluten, opción vegana

Diez minutos y tres ingredientes. No necesitas más que un poco de hambre.

Ingredientes

1 mango maduro congelado en cubos

100 g de yogur griego o de soja

2 cucharadas de caramelo de dátiles o miel

Tritura todos los ingredientes en un procesador de alimentos potente y sirve de inmediato.

Si no lo vas a consumir al momento, puedes congelarlo y batirlo todo de nuevo justo antes de servir.

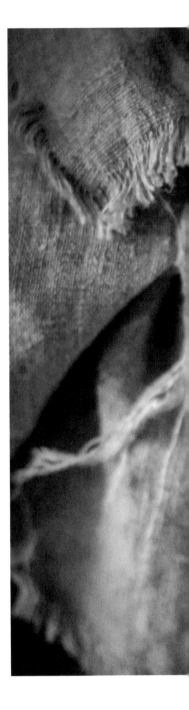

Valor nutricional aproximado por ración			
Valor energético	Grasa	Carbohidratos	Proteínas
187 kcal	6,63 g	30,29 g	2,79 g

Mousse de tofu sabor chocolate con plátano caramelizado

10 min / para 2 personas / sin gluten, vegana

Si todavía no sois amigos, dale una oportunidad al tofu con esta receta; ni lo vas a notar y el resultado es sorprendente.

Ingredientes

- 45 g de chocolate negro sin azúcar
- 150 g de tofu firme, bien escurrido y a temperatura ambiente
- 1 cucharada de vainilla
- una pizca de sal en escamas
- 30 g de eritritol o 50 g de dátiles medjoul deshuesados triturados o 60 ml de sirope de agave
- 90 ml de bebida de avellanas (u otra vegetal al gusto)
- 25 g de cacao en polvo
- 1 plátano
- nueces pacanas, para decorar

Funde el chocolate en el microondas a intervalos cortos de tiempo y a baja potencia para asegurarte de que no se quema. Una vez derretido, ponlo en el vaso del procesador de alimentos y añade el tofu, la vainilla, la sal, el sirope (o los dátiles), la bebida vegetal y el cacao. Tritura durante unos minutos o hasta obtener una textura uniforme. Reparte en dos vasitos.

En una sartén, pon el plátano cortado en rodajas a fuego alto, dóralo por ambos lados y retira. Chafa la mitad con un tenedor, como si fuese una compota, y repártelo sobre la mousse de tofu. Pon la otra mitad en rodajas sobre las dos mousses, espolvorea trocitos de nueces pacanas por encima y sirve.

Consejos y extras

Es mejor comerla recién hecha, notando el contraste entre el plátano caliente y la mousse templada.

Pero si la haces y la guardas en la nevera, cuando vayas a consumirla sácala y déjala atemperar unos 20 minutos, y móntala en el último momento.

Valor nutricional aproximado por ración	
Valor energético	297 kcal
Grasa	15,06 g
Carbohidratos	68,05 g
Proteínas	13,69 g

Panna cotta de calabaza con tierra de cacao

40 min + 4 horas de reposo / para 4 personas / sin gluten, vegana

Por su sencillez y versatilidad, la panna cotta es uno de mis postres favoritos. Es típicamente italiana y significa literalmente «nata cocida». Se elabora principalmente con este ingrediente y azúcar, pero ¿qué me dices si te propongo hacerla sin nata y sin azúcar? ¡Pues el resultado es todavía mejor!

Ingredientes para la tierra de cacao

50 g de cacao puro en polvo

25 g de harina de almendra

80 g de dátiles medjoul

una pizca de escamas de sal

5 gotas de estevia líquida, 20 g de eritritol o 20 g de azúcar de coco

1 cucharada de vainilla líquida

Ingredientes para la panna cotta de calabaza

165 g de calabaza asada

75 g de dátiles medjoul deshuesados

100 g de leche de almendras

½ cucharadita de agar-agar o 1,5 hojas de gelatina

2 cucharadas de vainilla

½ cucharadita de canela molida

¼ de cucharadita de jengibre en polvo

una pizca de nuez moscada

sirope de chocolate o coco y semillas de cáñamo, para decorar

Prepara primero la tierra de cacao: pon todos los ingredientes en el vaso de un procesador de alimentos y tritura durante unos segundos. Extiende sobre una bandeja de horno forrada con papel vegetal y hornea 5 minutos a 180 ˚C, removiendo para que se tueste de manera uniforme. Saca y deja enfriar del todo.

Para hacer la panna cotta, por un lado, tritura la calabaza junto con los dátiles hasta obtener una consistencia densa y homogénea. Por otro lado, calienta en un cazo la leche junto con el agar-agar hasta que hierva y mantén el hervor durante 3 minutos para activarlo. Si usas gelatina, hidrátala antes y disuélvela en la leche caliente sin necesidad de que hierva. Una vez lista, viértela sobre el puré de calabaza y añade la vainilla y las especias, y remueve para combinar bien.

Reparte la mezcla en 4 moldes pequeños de silicona (del tamaño de los moldes para magdalenas) o en moldes de metal. Introduce en la nevera un mínimo de 4 horas.

Pon unas cucharadas de tierra de cacao en el plato. Sobre la tierra, coloca la panna cotta y, por encima, un poco de sirope de chocolate o coco, y unas semillas de cáñamo.

Valor nutricional aproximado por ración			
Valor energético	Grasa	Carbohidratos	Proteínas
215 kcal	5,75 g	33,23 g	5,88 g

Trío de minimágnums

30 min + congelación para cada receta / 8 minimágnums de cada / sin gluten, vegetariana

¿Con cuál de ellos te quedarías a simple vista?

Minimágnums de chocolate rosa

Ingredientes

220 g de plátano (puede ser queso fresco batido)

40 g de eritritol o 75 g de dátiles medjoul

1 cucharadita de vainilla en pasta o en esencia

100 g de yogur griego

70 g de nata o crema de coco

40 g de cacao puro en polvo

120-150 g de chocolate ruby, para la cobertura

En el vaso de la batidora, tritura todos los ingredientes excepto el chocolate ruby hasta obtener una crema sin grumos. Vierte en los moldes de minimágnum y congela durante unas 4 horas.

Pasado este tiempo, derrite el chocolate ruby en el microondas a intervalos de 30 segundos y a baja potencia hasta obtener una cobertura brillante. Baña los minimágnums con ella.

Guarda en el congelador hasta consumir.

Valor nutricional aproximado por ración			
Valor energético	Grasa	Carbohidratos	Proteínas
152,87 kcal	7,49 g	18,69 g	3,13 g

Minimágnums almendrados de vainilla y caramelo

Ingredientes para los minimágnums

240 g de leche de coco

80 g de anacardos crudos

40 g de eritritol o 70 g de dátiles medjoul

1 cucharadita de vainilla líquida o en pasta

Ingredientes para la cobertura

100 g de chocolate negro sin azúcar

20 g de manteca de cacao o aceite de coco

40 g de almendra picada para la cobertura

Tritura todos los ingredientes en el procesador de alimentos hasta obtener una crema homogénea. Reparte en los moldes de minimágnum y congela un mínimo de 4 horas.

Para hacer la cobertura, funde el chocolate junto con la manteca en el microondas a intervalos de 30 segundos y a baja potencia. Añade la almendra en cubitos y mezcla. Baña los minimágnums con ella.

Guarda en el congelador hasta consumir.

Valor nutricional aproximado por ración			
Valor energético	Grasa	Carbohidratos	Proteínas
171,12 kcal	14,08 g	10,74 g	3,85 g

Minimágnums de chocolate blanco y naranja

Ingredientes

1 aguacate (aprox. 160 g)

100 g de leche de coco

50 g de dátiles medjoul o 30 g de eritritol

ralladura de 1 naranja

1 cucharadita de vainilla en pasta

40 g de cacao crudo en polvo

120-150 g de chocolate blanco sin azúcar, para la cobertura

El procedimiento es el mismo que en las anteriores recetas. Tritura todos los ingredientes excepto el chocolate en un procesador de alimentos, reparte en los moldes y congela durante 4 horas.

Para la cobertura, funde el chocolate y baña los helados con él.

Guarda en el congelador hasta consumir.

Valor nutricional aproximado por ración			
Valor energético	Grasa	Carbohidratos	Proteínas
134,37 kcal	8,64 g	14,05 g	2,67 g

Vasitos de *pudding* de chía *cherry blossom*

40 min / para 4 vasitos / sin gluten, vegana

La primavera florece cuando sirves estos vasitos. Son delicados, sencillos y perfectos en cualquier momento.

Ingredientes para la capa de chía

30 g de semillas de chía

250 g de leche de coco

1 cucharadita de vainilla líquida

20 g de caramelo de dátiles

Ingredientes para la capa de cerezas

200 g de cerezas sin hueso

100 g de anacardos crudos

120 g de leche de coco

2 dátiles medjoul (35 g aprox.)

cerezas y *nibs* de chocolate, para decorar

Para preparar la capa de chía, pon en un bol todos los ingredientes y mezcla. Deja en la nevera mínimo 30 minutos para que se hidrate. Si quieres acelerar el proceso, calienta ligeramente la leche al fuego sin que llegue a hervir, vierte las semillas y mezcla bien con el resto. Una vez que las semillas estén hidratadas, reparta a partes iguales en 4 vasitos.

Para hacer la capa de cerezas, tritura todos los ingredientes hasta conseguir una crema lisa y homogénea. Reparte esta crema sobre la capa de chía y refrigera hasta el momento de consumir.

Decora con más cerezas partidas y unos *nibs* de chocolate.

Valor nutricional aproximado por ración			
Valor energético	Grasa	Carbohidratos	Proteínas
263,25 kcal	14,34 g	27,45 g	6,48 g

Arroz con leche de coco y lima con coulis de frambuesas

1 h / para 4 vasitos / sin gluten, vegana

Que no te asuste el nombre de esta receta. ¡Está espectacular y sabrosísima! La combinación del dulce con el ácido es absolutamente adictiva.

Ingredientes para el arroz

55 g de arroz redondo

agua

400 ml de leche de coco

¼ de cucharadita de canela molida

1 rama de canela

piel de 1 lima o de ½ limón

una pizca de sal

20 g de mantequilla de anacardos

40 g de sirope de agave o 40 g de eritritol u 80 g de caramelo de dátiles

mantequilla de frutos secos y fruta fresca para decorar

Ingredientes para el coulis

100 g de frambuesas frescas

½ hoja de gelatina o una pizca de agar-agar

Valor nutricional aproximado por ración	
Valor energético	297 kcal
Grasa	15,06 g
Carbohidratos	68,05 g
Proteínas	13,69 g

Pon el arroz en un cazo, cubre con agua y cuece 7 minutos. Pasado este tiempo, si todavía tiene agua, escúrrela. Vierte en el cazo la leche de coco, la canela molida y en rama, la piel de lima (en trozos grandes para después retirarla), la sal, la mantequilla y el sirope. Baja a fuego bajo y cuece durante 45 minutos, removiendo de vez en cuando. Apaga el fuego y reparte en 4 vasitos. Cuando pierda temperatura, refrigera.

Para preparar el coulis, pon las frambuesas en un cazo y aplástalas ligeramente con un tenedor. Paralelamente, hidrata la gelatina en agua muy fría. Cuece las frambuesas unos 5 minutos o hasta que suelten el jugo. Añade la gelatina y remueve para que se disuelva. Reparte sobre el arroz ya vertido en los vasitos.

Antes de servir, decora con un poco de mantequilla de frutos secos y fruta fresca.

Consejos y extras

Si te gusta el arroz con leche más bien líquido, añade un poco más de leche de coco y saca del fuego con bastante líquido. Al enfriarse coge mucha consistencia.

Tiramisú de mantequilla de cacahuete sin horno

45 min / para 6-7 raciones / sin gluten, vegetariana

Italianos amantes del tiramisú, ¡por favor, no me odiéis! Esta receta es una vuelta de tuerca al clásico en el que no necesitarás los savoiardi *ni nada más que cosas que tengas en casa. ¡El resultado es de película de amor!*

Ingredientes para el bizcocho

3 huevos

1 cucharada de vainilla

25 g de eritritol

50 g de harina de avena certificada sin gluten

5 g de levadura

Ingredientes para la crema del tiramisú

250 g de mascarpone

55 g de mantequilla de cacahuete

200 g de yogur

40 g de eritritol

200 ml de café *espresso* (si lo quieres dulce, añade edulcorante)

cacao para espolvorear por encima

Valor nutricional aproximado por ración	
Valor energético	291 kcal
Grasa	25 g
Carbohidratos	7,8 g
Proteínas	7,4 g

Empieza preparando el bizcocho. Con unas varillas eléctricas, bate los huevos, la vainilla y el edulcorante durante 5 minutos o hasta que doblen el volumen. Incorpora la harina y la levadura tamizadas con movimientos suaves y envolventes, ayudándote de una espátula de silicona.

Pasa la mezcla a un *tupper* de cristal engrasado con aceite de oliva o mantequilla, y cuece en el microondas durante 2 minutos y medio. Saca y deja enfriar a temperatura ambiente.

Una vez frío, córtalo longitudinalmente para que te queden dos planchas de bizcocho rectangulares iguales.

Para hacer la crema de tiramisú, mezcla todos los ingredientes en un bol.

En el molde donde has hecho el bizcocho, pon una de las planchas y reparte por encima la mitad del café, humedeciéndolo todo. Añade una capa con la mitad de la crema y cubre con la otra plancha de bizcocho. Humedece la capa de arriba de bizcocho con el café restante y reparte lo que queda de crema.

Refrigera 3 horas y espolvorea cacao por encima antes de servir.

Consejos y extras

Si no te gusta el café, puedes usar otro líquido para humedecer las planchas de bizcocho: leche con canela, leche con vainilla...

Mágnum *red passion*

20 min + 5 horas de congelación / para 5 mágnums / sin gluten, vegetariana

Triturar y servir. Es una de esas recetas perfectas para disfrutar al momento.

Ingredientes del relleno

90 g de mascarpone o queso crema similar de sabor neutro

40 g de nata (o yogur, pero entonces rectifica la acidez con un pelín de edulcorante)

1 cucharadita de vainilla

Ingredientes para la mermelada

200 g de cerezas descorazonadas

2 dátiles medjoul (aprox. 30 g)

Ingredientes para la cobertura

85 g de chocolate blanco con fresa sin azúcar

20 g de aceite de coco

En primer lugar, prepara los moldes de los helados. Yo uso una polera de silicona para desmoldar mejor.

En un bol ancho, pon el mascarpone, la nata y la vainilla. Bate suavemente para que el mascarpone no se corte y para que quede todo bien integrado.

Por otro lado, lava las cerezas y córtalas por la mitad para quitarles el hueso. Seguidamente, métalas en el microondas 2 minutos para que suelten el jugo y tritúralas junto con los dátiles para tener ya la mermelada lista.

A continuación, pon una capa de mascarpone en los moldes, reparte una cucharadita de mermelada de cereza justo en el centro y tapa con el resto del mascarpone. Congela durante un mínimo de 2 horas.

Pasado este tiempo, pon la mermelada restante en un vaso estrecho y sumerge cada helado en la mermelada (un chapuzón rápido). Después, vuelve a congelar durante media hora más para que esta capa se solidifique.

Por último, funde el chocolate blanco y el aceite de coco, y haz lo mismo que con la mermelada: ponlo en un vaso estrecho y sumerge rápidamente los helados en él.

Guarda congelado hasta comerlo.

Valor nutricional aproximado por ración	
Valor energético	240 kcal
Grasa	19 g
Carbohidratos	20 g
Proteínas	2 g

Consejos y extras

Si no es temporada de cerezas, puedes sustituirlas por fresas, frambuesas o cualquier fruto del bosque.

Para hacer este libro he usado...

INGREDIENTES	CANTIDADES	INGREDIENTES	CANTIDADES
aceite de coco	500 g	harinas	5 kg
aceite de oliva virgen extra	1 kg	huevos	52
aceitunas	70 g	kéfir y yogur	2,2 kg
aguacates	9	leche de coco	4,6 kg
ajos	31 dientes	leche y nata	1,8 L
almendras	1,4 kg	lentejas	400 g
alubias	350 g	levadura nutricional	160 g
anacardos	2,9 kg	levaduras	170 g
arroz	380 g	miel o sirope	800 ml
avellanas	935 g	mozzarella o burrata	16
avena	1,7 kg	nueces	850 g
bebida de soja	2 L	pasta	590 g
boniatos	9	patatas	7
cacahuetes	380 g	pistachos	65 g
cacao	500 g	pollo	4 pechugas
calabaza	3,5 kg	queso crema	360 g
cebollas	18	queso curado	515 g
chocolate	1,5 kg	quinoa	600 g
chufas	500 g	salmón	400 g
dátiles	1,9 kg	seitán	1,2 kg
edulcorante o azúcar	380 g	semillas variadas	290 g
fruta deshidratada	1,2 kg	setas	875
frutas	7,8 kg	tofu	1,6 kg
garbanzos	1,3 kg	tomates	46
gelatina o agar-agar	60 g	vainilla	50 g
guindillas	4	verduras	10 kg

Menús semanales básicos

Semana 1

LUNES

Desayuno: *Pudding* de chía exprés con mango y frambuesas
Comida: *Burgers* de salmón + Gajos de patatas especiadas con *dip* de curry
Snack: Minimágnum
Cena: Crema fría de remolacha con granola de quinoa

MARTES

Desayuno: Muffins de chocolate y calabaza con *frosting* de cacao y frambuesa
Comida: Berenjenas rellenas de cuscús especiado
Snack: Quesito vegano con pulpa de almendras + Pan de boniato
Cena: Ensalada sencilla de tomate con sésamo y alioli vegano + Falafeles de coliflor con salsa de remolacha

MIÉRCOLES

Desayuno: *Porridge* de chocolate
Comida: Falafeles de coliflor + Crema fría de remolacha con granola de quinoa
Snack: *Bowl* de yogur *blended* con granola
Cena: Tortilla abierta de calabaza, mozzarella y cebolla

JUEVES

Desayuno: *Pancakes* de fruta y avena con arándanos
Comida: *Burgers* de salmón + Gajos de patatas especiadas con *dip* de curry
Snack: Pan sencillo con 3 ingredientes + Mermelada sencilla al gusto
Cena: Shakshuka o sartén de huevos y tomate

VIERNES

Desayuno: Muffins de chocolate y calabaza con *frosting* de cacao y frambuesa
Comida: Crema fría de remolacha con granola de quinoa
Snack: Quesito vegano con pulpa de almendras + Pan de boniato
Cena: *Bowl* de yogur *blended* con granola

SÁBADO

Desayuno: Chocolate a la taza para curar el alma + Trufas con pulpa de avellanas
Comida: Galette de tomates con romero + Queso cheddar vegano con crackers caseros de tomate y aceitunas + Hummus *delicious* con ajo asado y un toque picante
Snack: *Cheesecake* de manzana
Cena: Gofres de tortilla con verduras

DOMINGO

Desayuno: Tortitas superesponjosas de manzana con frutos rojos y semillas de cáñamo
Comida: Patés vegetales con nachos sin gluten + Hummus *delicious* con ajo asado y un toque picante + Galette de tomates con romero
Snack: Horchata casera *delicious* + Tarta mousse de vainilla y chocolate con tofu
Cena: Pizzas con base crujiente de calabaza

En este apartado te propongo los menús de 4 semanas basados en las recetas de este libro. Verás que algunos platos se repiten dentro de la misma semana. Y es que hacer más cantidad y aprovechar las sobras del día anterior es una manera estupenda de ahorrar tiempo y energía en la cocina.

Semana 2

LUNES

Desayuno: *Banana bread* de chocolate
Comida: Tortilla abierta de calabaza, mozzarella y cebolla + Ensalada sencilla de tomate con sésamo y alioli vegano
Snack: Trufas con pulpa de avellanas
Cena: Wrap de remolacha con verduras

MARTES

Desayuno: Natillas sencillas de limón
Comida: Fricandó con seitán + Pan sencillo con 3 ingredientes
Snack: Dátiles rellenos de mantequillas de frutos secos
Cena: Gofres de tortilla con verduras

MIÉRCOLES

Desayuno: Porridge de fresas
Comida: Boniato asado relleno de arroz integral y salsa verde
Snack: Mágnum *red passion*
Cena: Calabaza asada con burrata y pesto de cilantro

JUEVES

Desayuno: Galletas de chocolate rellenas de crema de pistacho
Comida: *Buddha bowl*
Snack: Tiramisú de mantequilla de cacahuete sin horno
Cena: Shakshuka o sartén de huevos y tomate

VIERNES

Desayuno: *Pudding* de quinoa con kéfir y compota de manzana
Comida: Fricandó con seitán + Pan naan con salsa *delicious* de yogur y cilantro
Snack: Pan sencillo con 3 ingredientes + Mermelada sencilla al gusto
Cena: Socca o *crêpes* de garbanzos con *pulled chicken*

SÁBADO

Desayuno: Porridge de coco
Comida: Tomate hasselback con aliño picante y parmesano vegano + *Burgers* de salmón
Snack: Minimágnums almendrados de vainilla y caramelo
Cena: Quesadillas *veggies*

DOMINGO

Desayuno: *Carrot cake* con coco
Comida: Boniato asado relleno de arroz integral y salsa verde
Snack: Flanes de coco sencillos
Cena: *Crêpes* de espinacas con mozzarella, tomate seco y rúcula, con mayonesa de aguacate

Semana 3

LUNES

Desayuno: Porridge de chocolate
Comida: Berenjenas rellenas de cuscús especiado
Snack: *Energy balls* de albaricoque
Cena: Chana masala *delicious*

MARTES

Desayuno: Bizcocho de yogur con nueces de Brasil
Comida: Crema de coliflor con tofu *crunchy*, nueces pacanas y cilantro + Pan sencillo con 3 ingredientes
Snack: Minimágnum
Cena: Shakshuka o sartén de huevos y tomate

MIÉRCOLES

Desayuno: *Bowl* de yogur *blended* o bebida vegetal con granola
Comida: Canelones de setas y trufa con bechamel, sin gluten y sin lactosa
Snack: Tostadas de pan sencillo con 3 ingredientes + Nutella® casera
Cena: Chana masala *delicious*

JUEVES

Desayuno: *Pudding* de chía de caramelo con albaricoques braseados
Comida: Curry ramen *veggie* al estilo *delicious* con *noodles* de arroz
Snack: Natillas sencillas de limón y de chocolate
Cena: Pizza de brócoli

VIERNES

Desayuno: Bizcocho de yogur con nueces de Brasil
Comida: Tomate hasselback con aliño picante y parmesano vegano + *Burgers* de alubias rojas
Snack: Mousse de tofu sabor chocolate con plátano caramelizado
Cena: Crema fría de remolacha con granola de quinoa

SÁBADO

Desayuno: *Bowl* de yogur *blended* o bebida vegetal con granola
Comida: Ñoquis con salsa de leche de coco y tomate
Snack: *Energy balls* de albaricoque
Cena: *Socca* o *crêpes* de garbanzos con *pulled chicken*

DOMINGO

Desayuno: Vasitos de *pudding* de chía *cherry blossom*
Comida: Fricandó con seitán + Sticks de garbanzo con guacamole
Snack: *Cheesecake* de té matcha
Cena: Gofres caprese

Semana 4

LUNES

Desayuno: Brioche lento tipo francés
Comida: Curry de verduras y tofu sin pretensiones
Snack: *Bowl* de yogur *blended* con granola
Cena: Crema de calabaza asada y jengibre con guisantes crocantes

MARTES

Desayuno: Porridge de coco
Comida: Ensalada sencilla de tomate con sésamo y alioli vegano + Revuelto de tofu sin huevos
Snack: Pan sencillo con 3 ingredientes + Mermelada sencilla al gusto
Cena: *Buddha bowl*

MIÉRCOLES

Desayuno: Helado rapidísimo de plátano y cacao
Comida: Curry ramen *veggie* al estilo *delicious* con *noodles* de arroz
Snack: Banana bread de chocolate
Cena: *Zoodles* de calabacín y pepino con setas silvestres y salsa de cacahuete

JUEVES

Desayuno: *Pudding* de chía de caramelo con albaricoques braseados
Comida: Lentejas estilo *moroccan* acompañadas de arroz, anacardos y pasas + Pan naan con salsa *delicious* de yogur y cilantro
Snack: Mousse de tofu sabor chocolate con plátano caramelizado
Cena: Crema de calabaza asada y jengibre con guisantes crocantes

VIERNES

Desayuno: Medias lunas sin gluten con 3 ingredientes, rellenas de espinacas, queso fresco y fresas, con salsa de tahine
Comida: Macarrones con salsa cremosa de pocos ingredientes
Snack: Pan de boniato + Mermelada sencilla al gusto
Cena: Gofres de tortilla con verduras

SÁBADO

Desayuno: *Banana bread* de chocolate
Comida: Curry ramen *veggie* al estilo *delicious* con *noodles* de arroz + Pan naan con salsa *delicious* de yogur y cilantro
Snack: Arroz con leche de coco y lima con coulis de frambuesas
Cena: Wrap de remolacha con verduras

DOMINGO

Desayuno: Dónuts de boniato
Comida: Galette de tomates con romero + Patés vegetales con nachos sin gluten + Pizzas con base crujiente de calabaza
Snack: Tarta fría de chocolate, cacahuete y plátano
Cena: Socca o *crêpes* de garbanzos con *pulled chicken*

Índice de recetas

COMIDAS

Índice de ingredientes

Agradecimientos

A mis padres, por haberme dado la vida dos veces. Sin ellos sé que esto no hubiese sido posible y lo digo de corazón. Soy quien soy gracias a ellos. Siempre me han demostrado su amor incondicional y su apoyo a cada paso que he dado, pero haciéndome tener los pies en la tierra. No es nada fácil respaldar decisiones y, al mismo tiempo, mostrar la realidad tal cual es. Ellos han sabido conjurar «esa magia» para aconsejarme de la mejor manera posible.

A mi hermano por ser «mi yang», la otra cara de una misma moneda. No podemos ser más distintos ni querernos más. Gracias por escucharme cuando te he necesitado. Gracias por darme tu perspectiva y ponerte siempre de mi lado.

A mis amigos de fuera de las redes, por ser, estar y padecer conmigo. Sé que no siempre ha sido fácil y que muchas veces os he dejado de lado por mi empeño en trabajar más y más. ¡Espero compensarlo con pasteles!

Y a mis amigos dentro del mundo 2.0, por compartir y entenderme. A los que han estado, me han acompañado durante mucho tiempo y se han ido, y a los que decidieron quedarse a mi lado.

A mi Rubenchu (@rvbengarcia) por enseñarme cada día a ser mi mejor versión y querer compartirlo todo conmigo.

A Sara (@burpee_vet), por ser mi hermana en este mundo virtual. Separadas al nacer y sentirte tan cerca siempre.

A Mar por ser mi ancla, mi mano derecha, mi amiga y muchísimo más. Por querernos tanto a mí y a mi locura.

Y a ti, por estar aquí acompañándome y porque esto no tendría ningún sentido si no me leyeras. Como he dicho tantas veces, ¡*Delicious Martha* somos todos! Es una comunidad preciosa que ha ido creciendo y que cada día me sorprende más y es gracias a eso que soy millonaria de emociones.